U0540270

跟着语文课本长知识

课本里的美丽中国

李凯军　关　晖／主编

长江出版传媒　长江文艺出版社

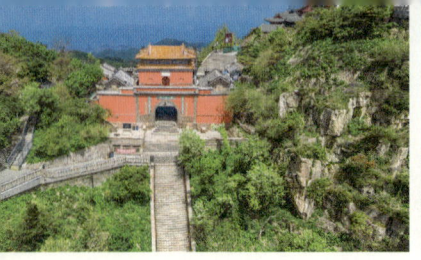

目　录

山水奇观

泰山 25亿年的地球史诗　　　　　　　　　　　　2

庐山国家公园 匡庐奇秀甲天下　　　　　　　　　8

黄山 云海之上的天下奇观　　　　　　　　　　　16

云南三江并流保护区 大地裂变的诗行　　　　　　24

远古遗址

秦始皇陵及兵马俑 沉睡千年的地下军团　　　　　34

殷墟与甲骨文 开启商朝文明　　　　　　　　　　46

超级工程

万里长城 冷兵器时代的超级防御工程　　　　　　56

治水奇迹 都江堰 流动的智慧与匠心　　　　　　68

建筑瑰宝与古城文化

故宫 九重宫阙的建筑宇宙	80
苏州古典园林 咫尺皆山水	90
丽江古城 银河铺洒的土地	100

石窟艺术

云冈石窟 雕刻史诗与丝路回响	112
龙门石窟 石壁上的盛世	120
敦煌的守护者艺术圣殿莫高窟	128

山水奇观

在东方苍茫云海间，巍峨的泰山以帝王之姿端坐在齐鲁大地；

江南烟雨中的庐山则像位执笔挥毫的仙人，在花岗岩上绘出"疑是银河"的千古绝句；

当我们仰望黄山云雾中的奇松怪石，或是沉浸在三江并流的秘境里，别忘了这些都是地球用了上亿年才完成的杰作。

泰山
25亿年的地球史诗

泰山，位于中国山东省中部。它东西延绵 200 多千米，南北宽约 50 千米，盘卧在方圆 426 平方千米的土地上，最高海拔 1545 米。

二三十亿年前，这座大山就稳稳地屹立在中国东部平原上。它那完全由岩石构成的巨大山体，清晰地记录着地球的沧桑变化。

泰山封禅

泰山，高耸在广阔大地的最东端，最先迎来初升的朝阳，人们相信生命就是从这里发源的。因此，泰山更被称为"五岳之尊"。

在中国神话里，泰山是通达天意的祭台。传说，远古的 72 位帝王，都要在泰山上举行一种叫作"柴望"的祭天仪式。当干柴燃起的火焰与浓烟升起的时候，皇权才真正获得上天的恩准。

岱庙，建于泰山脚下，其主体古建筑集中在一条南北纵深 405 米的中轴线上。这里曾经是中国历代帝王封禅、祭祀泰山神的地方。

公元前 219 年，中国的第一位皇帝——秦始皇来到泰山。按照远古传说，秦始皇亲自在山巅上堆土祭天，在山脚下扫土，表达对土地、山川的敬意。这就是神秘的"封禅"仪式，秦始皇要通过泰山，昭示天下：自己的皇权是来自上天的赐予，神圣而不可侵犯。从此，泰山成为皇家独占的"帝王山"。

遗产知多少？

遗产名片

泰山于 1987 年被联合国教科文组织列入《世界遗产名录》，成为中国首个同时以世界文化与自然双重遗产入选的名山。

岱 庙

天阶云径

穿过岱庙从一天门起，就真正开始了登山之路。这里道路平整，气氛宁静。沿途的碑刻透着古人文雅的情趣，古意盎然。

跨过山谷中的云步桥，道路逐渐陡峭。"霖雨苍生"，这刻在山崖之上的四个大字，提醒着登山的人们：清澈的山泉可以洗涤心中的杂念。

到达升仙坊，地势猛然抬升，将近1000米的盘道，都是45度以上的斜坡，这就是著名的泰山十八盘山道。在这极富节奏感的攀登过程中，人们胸怀"朝天"的心境，逐渐体会到接近天顶的强烈观感。只有走过这段艰难的旅程，才能到达灵魂向往的地方，仿佛咫尺间便是天上人间的分野。

泰山云步桥

跨过南天门，沿着山脊往前行进，人们便迈入了天上的街市。仙境是人间的想象，但是在泰山极顶，却能够在天上的街市中漫游。

南天门十八盘山道

遗产知多少？

亿万年的地质传奇

泰山主体形成于太古宙时期（距今约25亿年），是华北地台最古老的结晶基底。山体以泰山杂岩为核心，主要由片麻岩、花岗闪长岩构成，这些深变质岩在漫长的地质年代中经历多次构造运动，形成独特的"馒头状"山形轮廓，宛如大地褶皱中凝固的波涛。

泰山北麓张夏镇保存有完整的寒武纪时期标准地层剖面，含三叶虫、古杯海绵等化石，被国际地质学界誉为"中国寒武纪地层研究的摇篮"。

"五岳独尊"刻石

太古地脉

泰山，一座兀然而庞大的山岳，从平坦的大地上拔地而起，巍然耸立。其山体岩石的形态和纹理，是25亿年前地质年代留下的痕迹，清晰地记录下了地球生命的步履。保存完好的三个地质断层，则更像它那壮伟身躯的胎记，记录着泰山沧海桑田般的巨大变迁。

公元1790年的春天，泰山迎来了一位特殊的"游客"。他就是80岁的乾隆皇帝。乾隆穿着文人的服饰，登上泰山，要做一件不同于过去帝王的事情。他将一首赞美泰山的诗词镌刻在一块高30米、宽12米的巨石上，这成为泰山主峰最大的摩崖石刻，俗称"万丈碑"。诗词是乾隆亲自写的，他得意地宣称：自己为泰山这幅巨大的山水画，盖上了一方印章。

泰山，不仅有皇帝和神仙，还充满了思想和诗意，历代的知识分子也开始在登临泰山时留下许多诗文碑刻。在这些石碑上不但展现了精美的书法艺术，更记录下不同时期的中国知识分子面对泰山所发出的人生感慨。

2500年前，中国最伟大的思想家孔子就出生在泰山附近。传说，孔子年轻时就曾经登上泰山之巅，俯瞰群山，天地一览无余。后来，人们根据这段往事在泰山顶上建起了一座孔庙，希望他所倡导的道德伦理观念，能够在天地之间长存。

精神圣山

千百年以来，各种宗教也在泰山燃起了信仰的香火。其中，道教配合着帝王的封禅活动率先来到泰山。道教——中国固有的传统宗教，因为以"道"作为最高信仰而得名。

立于泰山之巅的玉皇庙，耸立在所有庙宇之上。它始建的年代已无从考，现在的玉皇庙是公元1483年明朝政府动用国库的资金重新扩建的。主殿供奉的是玉皇大帝，他是道教中掌管天界、人间和地狱的最高天神，拥有着人间帝王般绝对的权力。

西殿则供奉着道教中一位专管天上、人间财富的神仙。财神爷手捧着金元宝和玉如意，是中国民间普遍供奉的神仙之一。最奇特的是，财神爷的对面——东殿——供奉的却是佛教的观世音菩萨。观世音，这位美丽慈慧的佛教女神，曾发下一个宏愿：无论我在何处，世间即使有一个人还没从苦难中解脱，我也誓不成佛。

矗立在中国最东方的泰山，俨然是一座最早看见太阳升起、最早迎接光明的露天圣殿。每一个日出时分，太阳将天地连为一体，这片大地又被赋予新的勃勃生机。

5000年来，泰山以它伟岸的身躯包容了中国人心中所有的虔诚。最终，它成了一座民间信仰造就的精神大山。

摩崖石刻

遗产知多少？

泰山三大地质奇观

❶ 经石峪花岗岩

经石峪最著名的是刻于巨型河床基岩上的《金刚经》摩崖石刻，因岩性坚硬、耐风化，千年后字迹犹存。

❷ 醉心石

全球罕见的"桶状构造"侵入岩，横断面呈同心圆或放射状纹理，被视为"天地造化之奇"。

❸ 三潭叠瀑

溪流沿陡峭的山势跌落，形成三段明显的瀑布与深潭组合。因泰山新构造运动（地壳抬升）加剧了河流下切作用，塑造了潭瀑相间的地貌。

遗产知多少？

泰山风光四大奇观

泰山以雄浑壮美闻名，其自然奇观更显造化神工，尤以"四大奇观"为绝。

① 旭日东升

登岱顶观日，堪称天地大典。破晓时分，云海翻涌如沸，倏尔一线金红跃出，顷刻间霞光泼洒千山，赤轮凌空，气象恢宏。因泰山东临黄海、地势陡升，阳光穿透低层大气，经折射形成"瞬间跃升"的视觉奇观。历代帝王登峰必观此景，李白叹其"海水落眼前，天光遥空碧"。

② 云海玉盘

雨后初霁，岱顶常现浩瀚云海。因湿气遇冷凝结成云，受地形阻挡滞留山腰，形成"玉盘托峰"之景。云雾如浪涌，群峰似仙岛，南天门时隐时现，宛若天宫之门。明代文学家王阳明曾以"云海荡胸生层云"描绘其壮阔景象，气象学上称此为"泰山逆温层效应"。

③ 晚霞夕照

暮色苍茫时，残阳将余晖倾泻于峭壁之上。云霞被染成金红色，岩壁流光如鎏金，尤其玉皇顶西侧的"望河亭"，可见霞光与黄河金带交相辉映。此景成因于泰山花岗岩富含石英，反光性强，再叠加夕阳低角度照射，产生"瑞利散射"光学现象。

④ 黄河金带

晴空朗日立于岱顶北眺，蜿蜒的黄河如同金带镶嵌于齐鲁大地之上。因泰山与黄河直线距离约80千米，空气澄澈时，光线经多层大气折射，将河面反射光"折叠"至观测者眼中，形成"金带浮地"的视觉奇观。清代诗人施闰章以"碧嶂千层绕，黄河一线来"定格此景。

7

庐山国家公园

匡庐奇秀甲天下

1600 年前，一位渔夫曾来过这里。当他沿着溪边的小路走进一片茂密的桃花林时，迷失了方向。在桃花林的深处，他发现了一片自己从未见过的地方，恍若梦中的他仿佛踏入了一方福地洞天：这里的人们过着和谐恬淡的生活，没有战争，没有痛苦，甚至不知道朝代的更替。

这是一个文人虚构的故事，而正是这个故事让这座山在后来的时光里名声大振。这个文人叫陶渊明。这个故事叫《桃花源记》。而这座山就是庐山。

仙踪隐逸处

庐山的名字由来充满了神秘的色彩。相传，古代有一个叫匡俗的人在此修炼，得道后羽化成仙。当人们闻讯赶来的时候，匡俗早已飘然而去，只留下一座空空的房子。庐，就是房子的意思。从此，这座山被称作"庐山"，别名"匡庐"。

2000 多年来，庐山一直被一层神秘玄妙的宗教氛围笼罩。但是，真正让庐山举世闻名的，不是那些弃庐飞升的仙人，而是筑庐隐居于此的文人墨客。

陶渊明在庐山写下了那篇著名的《桃花源记》。在他的笔下，庐山成为中国早期的乌托邦。1000 多年来，庐山是不得志的文人雅士们逃避现实、渴望隐居的世外桃源。陶渊明一生执着的田园梦想，也成为中国历代文人反抗乱世、避退归隐的旗帜。

循着陶渊明的足迹，无数的文人尽情地徜徉于山水之间，卸掉心灵的重负，用诗文来抒发自己的情怀，寻找生命的本真和自由的灵魂。在陶渊明去世后，庐山经受了中国传统文化深刻的浸染与洗礼，成为历史上一座闪耀着人文主义光芒与浪漫主义精神的文化名山。

庐山秋色

白鹿洞书院

在庐山五老峰的脚下，有一个三面环山的地方，一条小溪潺潺流过，苍松翠竹间，隐约可见一排巍峨的古代建筑，这就是中国古代读书人心中的圣地——白鹿洞书院。

与古代的欧洲相比，中国并没有成熟的大学教育体系，但是古代的书院兼有研究与教育的双重功能，类似西方的大学。而白鹿洞书院就是中国最早的大学。

书院初创于公元940年，北宋末年毁于战火，后经南宋理学家朱熹不懈的努力，重新扩建，并在此开坛设讲，弘扬理学，使其成为中国古代四大书院之首、海内第一书院。

如果说陶渊明用《桃花源记》为中国文人搭建了一个隐逸出世的精神家园，那么朱熹则用白鹿洞书院为天下读书人构筑了一座治国济世的思想殿堂。

白鹿洞书院以其严谨的治学传统、坚定的道统担当、合理独特的管理制度成了中国传统文化精神的最佳载体，而且一直是宋明理学的中心学府，许多鸿儒国士都曾在此授业讲学。庐山地方志曾这样记载："书院名士云集，生徒众多，师尊学谦，俨如学城。"

遗产知多少？

遗产名片

庐山于1996年被联合国教科文组织列入《世界遗产名录》，属于世界文化景观类别。这是中国首个以"文化景观"名义入选的世界遗产。

白鹿洞书院

三叠泉瀑布

庐山瀑布

庐山虽然不高，风景却独具特色，自古便有"匡庐奇秀甲天下"的美誉。古人对山的审美取向，早已有一个评定的标准："山之骨在石，山之趣在水，山之态在树，山之精神在峭、在秀、在高，有一于此，方足著称。"再看庐山，这里的石、水、树，兼而有之，其骨、其趣、其态，无一不佳，尤以瀑布闻名四海。

1200多年前，李白曾以"望庐山瀑布"为题，吟诵出"飞流直下三千尺，疑是银河落九天"的千古绝唱。气势磅礴的三叠泉瀑布，落差155米，水为岩石所阻，分成三级，每级各具特色，上级若飘雪拖练，中级如碎石摧水，下级如玉龙走潭，堪称奇观。

牯岭建筑群

庐山之美，不仅在于它的自然风光，更在于庐山山巅有一座由几百栋别墅构成的云中之城。这一切的由来，源自一个充满人文主义理想的英国人。

这个英国人是一名传教士，中文名叫李德立。1894 年，一个春日的午后，李德立沿长江而上，在九江下船后直奔庐山。他这次上庐山，是想为在中国工作、生活的外国人寻找一处夏天避暑的清凉之地。

当翻过一座山头之后，李德立眼前一亮。这里地势平坦，植被茂密，气候凉爽，环境幽雅，正是修建别墅区的上选之地。于是，李德立马上从清政府那里租下这片地方，并为它取名为 cooling，意为"凉爽"，其中文名就是后来大名鼎鼎的牯岭。

李德立是一位头脑精明、眼光独到的商人，牯岭的开发，让他获得了巨大的利益。但是大家也不得不承认他是一名有品位的商人，在售地协议中，李德立规定：每块地上建筑的房屋，其面积不得超过土地面积的 15%；建筑风格必须体现本国的建筑艺术特色。最重要的一点，他强调"以尊重自然为最高准则"，建筑要和周围的自然环境相协调。如果设计与自然相抵触，则要修改或者牺牲设计，保护自然环境。

牯岭建筑群今天尚存别墅 600 余栋，在其鼎盛时期，这里的别墅有近千栋。它们体现了欧美18个国家的不同风格。其中既有英国券廊式建筑、巴洛克式建筑模拟品，又有哥特式建筑遗风；既有巴西里加的模拟品，又有文艺复兴时代风格的建筑，犹如一座精深、博大的万国建筑艺术博物馆。

牯岭建筑群

庐山东林寺

多元文明共生

庐山上的庙都不大，也并不起眼，但是人们都说很灵。一位法号慧远的和尚，在庐山筑庐传法，给庐山带来了巨大的声誉。

东晋初年，北方战乱频繁，烽烟四起，民不聊生。一心寻求真法的慧远渡过长江，辗转来到庐山。

在定居庐山后的三十六年间，慧远迹不入俗，影不出山，孜孜为道，务在弘法。他以东林寺为居所，潜心研读佛教典籍，将佛学中的哲理熔儒、道、佛于一炉，主张"内外之道，可合而明"。慧远在佛学上的最大贡献，在于他凭借自身极高的儒释道三方面的学识，糅合世俗与空门，努力调整佛教与儒家的关系，将儒家的一些礼仪作为广大僧尼的行为准则，开创了净土宗。

由于佛法被大力宣扬，鼎盛时期，庐山有361座寺庙，可谓是"无限青山行不尽，白云深处老僧多"。

庐山著名的道教圣地是仙人洞。所谓的仙人洞，早先只是一个因为流水长期冲刷而形成的天然洞窟。相传，唐代名道吕洞宾曾在洞中修炼，直至得道成仙。后人为奉祀吕洞宾，才将其起名为"仙人洞"。洞旁的山岩下，建有一栋斗拱彩绘、飞檐凌空的殿阁，名为"老君殿"，内供有太上老君李聃的雕像，整日香烟缭绕，是庐山道教的福地洞天。

在上千年的时光中，庐山能够同时被佛、道两教的大师慧眼相中，辟为传法授徒的道场，绝不是偶然的，这与中国的风水文化有着密切的联系。

庐山外靠长江，内依鄱阳湖，这种

得天独厚的地理位置，被传统的风水学解释为：庐山居其中，长江翼其前，有青龙象；鄱阳湖拥其后，为白虎形。这是风水学中所说的吉星福地，而且庐山独特的形、势、理、气，更是自成一条龙脉。

不过，再好的风水也难保庐山的香火长盛不衰。元明时期，连年战乱，净土宗日渐式微，整座庐山只剩下一座道观、两座寺庙。佛、道两教逐渐衰落。

直到19世纪末期，才又得以复苏，而此时，庐山正经历着一段重大的宗教变化时期。由于西方文明的传入，基督教、天主教、东正教、伊斯兰教也先后进入庐山。

庐山是一座神奇的山。历史上的大悲大喜早已铸就了它忧郁内敛、处变不惊的气质。漫卷的烟雾辗转腾挪、升腾变化，在虚无缥缈中，庐山继续演绎着自己千年不变的生命传奇。

庐山仙人洞

遗产知多少？

断块山构造

庐山以"奇峰"著称,其山峰险峻多姿、形态各异,融合了自然造化的鬼斧神工与人文积淀的诗意想象,堪称中国山岳景观的典范。

约1亿年前（中生代晚期至新生代）,受太平洋板块向欧亚板块俯冲的影响,庐山所在区域发生强烈的地壳运动。庐山主体沿北东向断层剧烈抬升,而周边地块（如鄱阳湖盆地）相对下沉,形成"孤山临湖"的独特格局。

20世纪30年代,地质学家李四光在庐山发现冰川遗迹（如U型谷、冰斗、漂砾）,提出中国东部曾存在第四纪冰川。冰川侵蚀与断层抬升共同作用,塑造了庐山复杂的地貌。

庐山险峰

遗产知多少?

生物资源基因库

庐山是国家级自然保护区，森林覆盖率高，生态系统类型包括常绿阔叶林、针叶林、竹林、灌木丛、湿地等。其独特的地理位置（北纬29°）和垂直高差（最高的汉阳峰海拔1474米）形成了多样的微气候，为动植物提供了多样的栖息地。

代表性植物

庐山特有植物

庐山厚朴：以庐山命名的特有变种，树皮可入药。
庐山石耳：生长在岩石上的地衣类植物，被视为山珍。

珍稀保护植物

银杏：古老孑遗物种，庐山有千年古银杏树。
红豆杉：国家一级保护植物，含抗癌成分紫杉醇。
鹅掌楸：落叶乔木，叶片形似马褂，故称"马褂木"。

特色植被景观

杜鹃花：庐山有云锦杜鹃、鹿角杜鹃等多个品种，春季以杜鹃花海闻名。
竹林：毛竹、方竹等形成茂密的竹林景观。
庐山云雾茶：高山茶园特有的茶树品种，生长于云雾缭绕的环境中。

代表性动物

哺乳动物

猕猴：庐山猕猴群是野生种群，常见于山林中。
穿山甲：国家一级保护动物，夜间活动，以蚂蚁为食。
小鹿：小型鹿科动物，栖息于灌木丛中。

鸟类

白鹇：国家二级保护动物，雄鸟羽色黑白相间，优雅美丽。
画眉：鸣声婉转，常见于灌木丛中。
松雀鹰：小型猛禽，捕食林间小鸟。

两栖爬行动物

大鲵：俗称"娃娃鱼"，生活在清澈的溪流中，国家二级保护动物。
尖吻蝮：剧毒蛇类，俗称"五步蛇"，遇到它需谨慎避让。

昆虫与节肢动物

中华虎凤蝶：珍稀蝶类，幼虫依赖细辛属植物存活。
庐山步甲：部分甲虫为庐山特有物种。

黄山
云海之上的天下奇观

这是一座驰名海外的奇山，几亿年的漫漫时光雕琢了这座神奇大山不凡的身世，谜一般的前世今生赋予了它卓然超群的惊世风骨。

奇松、怪石、瀑布、云海，它天生卓越的美貌和瞬息万变的气质吸引了无数迁客骚人。于是，这座大山就变成了中国人心目中最完美的山水长卷。它就是被称为"天下第一山"的黄山。

黄山峰峦

云雾开处见黄山

黄山，耸立在北纬30°线上的中国安徽省南部，南北长约40千米，东西宽约30千米，号称"五百里黄山"，它也是长江和钱塘江的分水岭。

远远望去，这座大山被大片美丽的自然松林覆盖，陡崖断壁古怪张扬，山谷里溢出的阵阵云雾又充满仙灵之气……于是，这座可望而不可即的大山就有了各种和神仙有关的传说，而其中最著名的就是中国人共同的祖先——黄帝轩辕——在此炼丹升天的传说。

黄山海拔高达1800多米，陡峭的山体几乎无路可寻，山上时常弥漫着浓重的云雾，更给它增添了神秘的色彩。古时候，很多人都尝试着走进这座大山，但是多数只能望山兴叹或半途而废。因此，在中国明朝以前，很少有人进入过黄山，也几乎没有关于它的记载，黄山的盖世美景一直掩映在偏僻的山野，直到17世纪的一声感叹惊动了世界。

公元1616年，发誓要走遍祖国山水水的大旅行家徐霞客第一次来到了黄山脚下，这时，他已经步行了整整两天。当徐霞客一路寻踪觅径、费尽周折地攀上光明顶时，已经是精疲力竭，浓郁的云雾遮挡了他的视线，他几乎有些神情恍惚了。当他刚刚恢复些气力的时候，雾气逐渐化开，阵阵山风拂面而来，光明顶上云散日出，一片霞光灿然，徐霞客极目远眺，无限美景扑面而来。

黄山的美景简直让徐霞客目瞪口呆，他连连惊叹："登黄山，天下无山，观止矣！"这样的赞誉，就是日后那句广为流传的"五岳归来不看山，黄山归来不看岳"的出处。

在中国，具有气势的大山才能称为"岳"，中国共有五座被称为"岳"的大山，而黄山却能集它们的雄伟、险峻、烟云、飞瀑、巧石和清凉于一身，中国人都认为看完五岳之后可以不用看其他山了，而看完黄山后连五岳也不用看了。从此，酷爱山水的中国人再也没有停止过对黄山的钟爱，这座气象万千的大山开始以特殊的角色进入中国文明史，在自然和人文的历史画卷中清晰生动、摇生多姿。

猴子观海奇石

黄山日出

黄山短尾猴

黄山自然简史

黄山以天海为中心，分为前山和后山。前山岩体节理稀疏，岩石多球状风化地貌，而后山岩体节理密集，多是垂直状风化地貌，形成了"前山雄伟，后山秀丽"的地貌特征。就这样，经过大自然亿万年的精心打造，雄浑峻峭、卓然奇幻的黄山终于成为世间难得一见的绝妙美景。

在漫漫的时光里，黄山吞吐的是沧海桑田的博大之气，拨动的是天地间生生不息的生命旋律。山谷间葱郁的自然林与各种动物相互依存，享受着黄山的雨露滋润。黄山的自然环境复杂多样，植物垂直自然带明显，群落完整，是绿色植物荟萃之地，森林覆盖率达56%，植被覆盖率达83%，野生动植物2000多种。

黄山高耸的山体和贫瘠的岩层土壤孕育出与众不同的动植物，它们有着超乎寻常的形态和独特的生长方式。

石耳，这种生长在悬岩绝壁阴湿处的菌类，形状和木耳相似，一般要六七年才能长成，是一种营养和滋补价值都比较高的食材，但是采摘非常困难。

黄山短尾猴体形高大，四肢粗壮，行动敏捷，毛发呈灰褐色。由于它们长年在悬崖峭壁上生活，尾巴已经退化到不过5~6厘米，是猴子家族中最为珍贵的品种之一。

在攀登黄山的必经之路上，有一棵形态如同在招手的松树，参天耸立，它像是一位好客的主人，主动向每一位来到黄山的游人发出问候，它就是黄山迎客松。这棵历经风霜雨雪却在危崖上傲然挺立了千年的松树已经成了黄山的象征。

黄山松是植物学上的一个独立品种，千万年来，它一直是黄山最忠实的伴侣。黄山松生长极其缓慢，通常一棵2米多高的树都有着几百年的树龄，海拔800米以上的山顶、陡坡、悬崖、石缝和崖壁都是它们生长的地方。

虽然黄山松的生长环境极其艰难，但只要有一点儿生存的空间，它们就要生根、发芽、成长。为了能够汲取岩石深处的养分，在贫瘠的岩缝中存活下来，黄山松的根部要比其树干长几倍、几十倍，而且深深地扎在岩石的缝隙之中，用几乎能将岩石劈开的态势向下生长。对于阳光和水分的渴望，使得黄山松的枝丫都明显地向有阳光的一侧倾斜，在悬崖陡壁上形成了树冠平展的旗形树，这是它区别于其他松树的标志。

黄山松的形态和它的生长经历完全可以解释中国人对于松树非同一般的情感，在中国人的认知中，松树不仅代表顽强的生命力，还体现着一个人捍守尊严的气节与力量。对于讲究气节的中国文人来说，描画松树就是在表白其内心世界。

飞来石

遗产知多少？

遗产名片

黄山于1990年被联合国教科文组织确定为文化与自然双重遗产，列入《世界遗产名录》。其文化遗产是自然奇观与人文精神千年交融的结晶，深刻地影响着中国乃至东方文明的审美体系。

黄山迎客松

何为文化大山？

徐霞客发现黄山之后，文人墨客便开始陆续登上黄山。他们以中国传承千年的名人雅士风格，期盼着在与山水的交流中，得以慰藉，得以抒怀。

明末清初，曾经想拿起武器抗击满人入侵的渐江最终隐居黄山，重拾画笔。对于渐江来说，黄山是他更改画风的起点，也是相见恨晚的知音。渐江记下了他与大山的对话，以灵性之笔书写着黄山的真性情。黄山上孤立光秃的山峰、奇异断裂的山石和扭曲顽强的松树，恰好映照着渐江在国破家亡后的内心世界。渐江用完全颠覆性的表现手法画着黄山的奇峰异石，展现了他心中那一幅幅"破碎山河颠倒松"。在中国绘画史上，渐江首先画出了黄山峰石的独特质感。

写意山水画是中国国画的极致表现，其创作追求借景抒情，以有限的画面表达无限的空间，将人的灵感与自然之间的相通，视为创作的最高境界。与西方的绘画不同，中国的山水画不在乎写实，不在乎内容的真实比例，而是强调气韵，而黄山独有的云海就赋予了画卷绝佳的气韵。

当漫山的云烟冉冉升起的时候，大山与云雾的纠缠又开始了，一切如同梦境一般，是山峰也是岛屿，是云雾也是沧海，如临仙境，如梦似幻……

山总是以自然形态取胜，然而形态是有尽头的，黄山却以变化取胜，永无止境。"物我两忘，灵动悠远"，是中国人感受山水的最佳境界，在变化无常的黄山面前，这些得以实现了。所以，是黄山让中国人心有灵犀的艺术灵魂有了相见恨晚之感。瞬息万变的云海和千年耸立的松石共同组成了这人间极致的美

黄山云海

遗产知多少？

黄山名字的由来

黄山的名字由来与一个古老的传说有关。最初，这座山被称为"黟山"，东汉《越绝书》记载有"黟山有神人居"。这个名字源于其独特的山色，因为黄山峰岩呈青黑色，远看如同一片苍黛。据传，唐玄宗在天宝六年（公元747年）根据道教文化和民间传说，正式将黟山命名为"黄山"，以彰显这座山的壮丽景色和深厚的文化底蕴。这是中国历史上首次将神话传说正式纳入山岳命名体系。

景，它让每一位亲身感受到的人都有一种难以抑制的创作冲动，用他们的笔墨诉说着心中的感悟。

抚琴放歌、吟诗作画、寄情山水是中国文人墨客的精神追求。寻觅着天、地、人和谐意境的中国文人，在黄山变化万千的仙灵之气中找到了孜孜以求的心灵图景。他们将黄山独特的气质完美地融合到山水画之中，让山水画更具韵味。于是黄山成为中国人心目中的大山，并成为衡量一切大山美的标准。应该说，是黄山的风骨为中国画增添了无穷的韵味；也应该说，是中国的艺术使这座山成为一座文化大山。

黄山，来自宇宙的永恒力量而造就的山体风骨，就是这般气象万千、风姿卓然，精巧地铺陈了中国人心中的梦想画卷。

遗产知多少？

黄山四绝

❶ 奇 松

黄山松为独立物种，受山谷环流影响，树冠形成精准的 30° 迎风倾角。这些松树是真正的"岩石大力士"！它们的根能分泌"酸酸果汁"，把硬邦邦的花岗岩变成松软的"岩石蛋糕"，根比树干还要长 10 倍。

❷ 怪 石

怪石是在奇峰的基础上，通过外力的风化和侵蚀作用而形成的。黄山几乎每座山峰都有令人惊叹的奇石景观，如猴子观海、梦笔生花、仙人指路、蓬莱三岛等标志性怪石。

3 云 海

黄山地处亚热带季风气候区，雨量充沛，一年中雨雾天气多达 200 余天，加上山高谷深，林木繁茂，日照时间短，湿度大，水汽多，水汽升腾或者下雨后雾气不易消散，就此成了壮观的云海景象。

4 温 泉

当地表水下渗受热，或是地下水与地下炽热的岩体相接触，就会变成地下热水或蒸汽；地下热水沿着断层或裂隙上升到地表，就形成了温泉。据说，黄山短尾猴冬天会靠近温泉取暖，但它们不会像人类那样泡澡。

云南三江并流保护区
大地裂变的诗行

崇山峻岭之间，雪峰高耸、河谷深切，5000万年的地质演变，造就了地球上最壮观的一处高山河谷组合。它就是中国云南的三江并流。

玉龙雪山

三江并流背后的造山运动

同地球历史相比，人类的出现只是一个短暂的瞬间。在这个星球长达46亿年的演变征途中，上演了无数波澜壮阔的生命历程。

15亿年前，地球还是一个水的世界。大约在45亿年前，地中海开始闭合，印度洋次大陆冲向欧亚板块，在地球构造史中，最剧烈的一次造山运动由此开始。喜马拉雅山脉崛起，与横断山脉碰撞。在东亚、西亚与青藏高原交会处，形成了地球上压缩最紧、挤压最窄的巨型复合造山带。

发源于中国青藏高原的三条大江，中止了向东奔流的走势，掉头南下，开始在不同的山脉间穿行。西部是怒江，中部是澜沧江，东部为金沙江，金沙江与澜沧江最短的直线距离为66千米，澜沧江与怒江最短的直线距离不到19千米，三条大江在崇山峻岭间自北向南并行奔流170多千米，"江水并流而不交汇"。就这样，地质演变的伟大力量在今天中国的云南省境内，展现出了一幅世界上独一无二的"三江并流"奇观。

怒江大峡谷

三江流域的古老民族

怒族，约有3.6万人口，主要生活在云南省三江流域，是中国古老的民族之一。

传说，先有怒族人，后有怒江水。怒江发源于青藏高原，在进入云南省境内后，开始奔腾于高黎贡山和碧罗雪山之间，长达316千米，峡谷地带平均深度2000余米。

怒江边上有一处地质奇观，出现在高黎贡山中段3000多米的峰巅之上。这是一个地下水溶蚀而形成的穿洞，在地壳抬升的过程中，被高高地举起。因为它形似满月，便被称为"石月亮"。

在当地傈僳族人的传说中，他们的祖先就生活在"石月亮"里。

和怒族一样，傈僳族的村寨也多建在大山的深处。傈僳族，有近76万人口，是怒江大峡谷中人数最多的民族。

漆树，生长在人们居住的村寨四周，属于落叶乔木，是中国特有的树种，果实可以榨成食用油。漆油的制作很简单，先将漆树籽磨碎成粉末状，然后在铁锅中炒熟。最后，放入袋中，利用杠杆原理，在石臼上舂榨成油。

用漆油将猪肉炒熟，和在米饭中，用手抓着吃，这就是傈僳族最丰盛、隆重的饮食，叫作"手抓饭"。

山峦、河流阻断了与外界的交流，

石月亮

怒江大峡谷成了一个鲜为人知的神秘地带。

大山深处，居住着一个人口最少的民族——独龙族，约有7000余人，他们基本都生活在怒江流域。

出售独龙毯是独龙族人的主要收入。用麻线和棉线编织而成的独龙毯，宽度一般为70厘米，长度达到6米。披在身上就是衣服，铺在床上就是床单。

据说，色彩斑斓的蝴蝶是独龙族妇女崇拜的图腾。她们把蝴蝶的图案文在自己的脸上，而更加真实的情况是，弱小的民族总是受到豪强的抢掠。少女们为了避免被抢走的命运，就在自己的脸上刺上图案。文面逐渐成为一种罕见而独特的习俗。独龙族没有文字，文面的起源已无从考，这种带有毁容色彩的文面现在已经被禁止。

遗产知多少？

遗产名片

2003年，三江并流保护区被联合国教科文组织列入《世界遗产名录》。它占地约1.7万平方千米，是中国迄今为止面积最大的世界自然遗产，也是中国唯一满足世界自然遗产全部四条评定标准的保护区。

制作独龙毯

澜沧江

雪峰与沧海

澜沧江，发源于青藏高原的唐古拉山，进入云南省境内之后，在怒山和云岭间穿行1000多千米。

扎拉雀尼峰，海拔5640米，终年积雪，是云岭山脉的最高峰。在当地藏族人的传说中，它是一位皈依了佛祖的战神。就是在这座雪山的山脚下，地球向我们展示了三江并流区域的一段生命历程。

5000万年前，大陆板块的碰撞引发了海底的火山运动，原本只存在于海底深处的蛇绿岩，随着地壳运动，出现在了这里。

硅质虫岩是在2.5亿年前，海底的微生物沉积挤压，变质后形成的一种岩石。随着山脉的隆起，让原本在海底的硅质虫岩露了出来。

5000万年前，印度洋板块与太平洋板块就在三江流域相撞，巨大的撞击力给这里带来了独特的高山峡谷地貌。而直到今天，这种撞击依然没有停止。

滇金丝猴

对于人类的生活而言，三江流域充满了挑战，而对动植物来说，这里就是它们的天堂。

由于三江并流地区没有被第四纪冰川覆盖，因此，这里成为欧亚大陆生物物种南来北往的主要通道和避难所。三江流域，几乎集中了北半球所有气候带的生物群落，是"世界生物基因库"之一。

滇金丝猴，多在海拔3500~4500米的原始森林中活动，以松萝、树叶、竹笋等为食。

一只雄猴，两到三只雌猴，数只小猴组成一个家族，成年猴体重约30公斤。它们往往几个家族在一起生活，其活动范围可达上百平方千米，是中国继大熊猫之后的第二个国宝。如今，滇金丝猴有23个种群，约3300只，属于世界自然保护联盟红色名录中的濒危物种。

香格里拉滇金丝猴国家公园是中国首个以保护滇金丝猴为核心的国家公园，位于云南省迪庆藏族自治州维西傈僳族自治县，地处横断山脉腹地，公园所在的"三江并流"区是长江上游重要的水源涵养地。这里是全球滇金丝猴种群最集中、栖息地最完整的区域之一。

滇金丝猴

虎跳峡

虎跳金沙、藏地神山

金沙江，三江中最东面的河流，滩多弯急，属于典型的峡谷河流。

上图中是一处深度 3900 米的巨大峡谷，在长 16 千米的流域内，水面落差达 220 米，最窄处仅有 30 余米，每秒流速接近 8 米。传说，一只猛虎曾借助江心一块 13 米高的巨石，跃过大峡谷，因此，这里被称为"虎跳峡"。

金沙江发源于青藏高原唐古拉山脉，全长 2308 千米，是世界上最长的大江峡谷。金沙江流域全年少雨，属于干热河谷。

藏族，是生活在这个区域中的主要民族。松赞林寺是云南藏传佛教最大的寺院。全寺建筑在一个山丘之上，占地 500 余亩。两大主寺建于最高点，居全寺中央。

寺庙大殿的顶层金碧辉煌，旁边立着一个法轮，古印度时，轮是一种杀伤力强大的武器。后来，它为佛教所借用，象征着佛法如同轮子一般旋转不止，永不停息，也代表着佛法将会世世代代传扬下去。

怒山北段的梅里雪山，平均海拔在 6000 米以上的山峰就有 13 座，它是藏族人精神世界中最为神圣的雪山，也是神奇的三江并流区域一座绝美的丰碑。

卡瓦戈博峰，海拔 6740 米，是怒山的最高峰。卡瓦戈博，在藏语中是"雪山之神"的意思，藏族人守护着它，不让任何人随意攀登。在他们心中，卡瓦戈博山就是美好生活的保护神。

三江并流，最接近自然的一片区域。在这里，人们可以和高山、河流对话；生活的模样欢快而自在，宁静又安详。

遗产知多少？

"三江并流"的三条江最终分别流入哪个海洋？

金沙江（长江上游）

流向：向东流经中国中部，最终注入东海（属于太平洋）。

澜沧江（湄公河上游）

流向：流出中国后称为湄公河，经东南亚（缅甸、老挝、泰国、柬埔寨、越南），最终在越南胡志明市附近注入南海（属于太平洋）。

怒江（萨尔温江上游）

流向：流出中国后称为萨尔温江，经缅甸，最终注入缅甸的安达曼海（属于印度洋）。

遗产知多少？

三江并流为什么被称为"地球奇迹"？

金沙江险滩

江水并行不交汇

三条大江在云南西北部约100千米宽的范围内平行奔流，最近处直线距离仅约70千米，却始终不相交，最终分道扬镳注入不同的海洋。

跨越两大洋

金沙江（太平洋）与怒江（印度洋）分属不同水系，这种"一区跨两洋"的现象全球罕见。

这样三条大江并行、两大洋分流的格局，是地质运动、气候变迁、生物演化共同作用下的"巧合"，几乎不可复制。

远古遗址

骊山脚下，陶土如潮水般漫过黄土高原，八千尊武士列阵于地脉深处；

步入殷墟，触摸中国最早的成熟文字体系，聆听商王朝青铜礼器的浑厚回响。

秦始皇陵及兵马俑

沉睡千年的地下军团

秦始皇陵是世界上规模最大、结构最奇特、内涵最丰富的帝王陵墓之一。秦始皇陵兵马俑是可以同埃及金字塔和古希腊雕塑相媲美的世界人类文化的宝贵财富，而它的发现本身就是20世纪中国最壮观的考古成就。它们充分展现了2000多年前中国人民巧夺天工的艺术才能，是中华民族的骄傲和宝贵财富。

秦始皇雕像

秦始皇的地下帝国

公元前210年的一天，中国历史上伟大的皇帝——秦始皇，又一次开始了他巡游中国大地的旅程。每隔一段时间，他都要离开都城咸阳，出去看看这块被他征服的土地。这已经是他第五次出巡，然而这一次出巡，他却并非志得意满。

秦始皇在途中一病不起。最终在沙丘平台（位于今河北广宗）去世，使中国得以统一的王者的人生历程结束了。

虽然秦始皇无比留恋那叱咤风云、号令天下的英雄时代，不甘心离开他一手缔造的帝国以及人世间的荣华富贵，但他却无法抗拒死神的召唤。

他带着遗憾离开了人世。然而就在这深深的遗憾中，他也有一丝欣慰，因为，他已为自己在冥界打造了一个同样辉煌的帝国。

发现陶俑的西杨村向西不远处，坐落着举世闻名的陵墓——秦始皇陵。

它像一座巍峨的山丘，北依骊山，俯视渭河，即使在经历了2000年沧桑之后仍然雄姿不改。这座陵墓下面，埋葬着中国历史上伟大的皇帝——秦始皇。

在秦陵附近发现的这些陶俑，从其身上的装束看，正是秦代的武士，他们极有可能和秦始皇陵有关。

为了彻底弄清这批陶俑的真实面目，国家文物局决定，对发现陶俑的地方进行正式发掘。

在挖掘过程中，考古人员从泥土中又发现了大量的青铜兵器。仔细清理以后，兵器表面上显露出一些文字。

在其中一支戈上，写着"五年相邦吕不韦造"。吕不韦是秦始皇的丞相，他的职责之一就是负责秦国的兵器生产。毫无疑问，这些兵器都是在秦始皇时期铸造的，而使用这些兵器的陶俑也应该是秦俑，他们是秦始皇的陪葬品。

这些陶俑的面世揭开了一个埋葬在地下的秘密世界，那正是秦始皇当年为自己打造的另一个辉煌的帝国。

秦始皇陵全景

遗产知多少？

遗产名片

秦始皇陵及兵马俑坑于1987年被联合国教科文组织正式列入《世界遗产名录》，成为中国首批世界文化遗产之一。联合国教科文组织评价其为"中国封建时代第一个统一王朝的非凡见证"，其规模宏大的地下军阵、写实主义的雕塑艺术，以及背后反映的秦代社会结构与军事制度，具有无可替代的全球性价值。

兵马俑一号坑局部

一统江山的军事智慧

1974年7月15日,考古队进驻西杨村,发掘工作开始了。

经过一年的发掘,一座巨大的兵马俑坑被揭开,饱受20多个世纪黑暗埋压之苦的数千件兵马俑和数十辆战车面世了。

尽管兵马俑历经了2000多年的沧桑岁月,变得残缺不全,但其庞大的整体阵容,仍不失浩浩荡荡的威势,一股叱咤风云、驰骋疆场的气势扑面而来。

坑中最前端横排三列,共计204件武士俑,他们中除三个头戴长冠的将军俑外,其余均是身着战袍、手执弓箭的军卒。这是一支攻击型的部队,其战法必定是在战斗开始的瞬间万箭齐发,迫使敌军防守乱阵。而后续的38路大军乘机源源冲击,形成白刃格斗、斩将擒敌的形势。在大军中间的特定位置上,战车上站有手握青铜宝剑的将军予以指挥,从而形成一个方阵的主体布局。

位于军阵南北两旁的武士俑,身披重铠,手执劲弩,面向军阵两侧呈出击状,这当是整个方阵中的"两翼"。在俑群的后部,有三排锐士做横队排列,背对大军,这便是方阵的"卫"。两翼和卫的作用在于防止敌人从侧面截击或包抄后路,保障自己军队的战斗行动不受敌人的夹击,达到保存自己、消灭敌人的战略目的。

这个俑坑被命名为一号坑，它代表了一个典型的方阵格局。阵中的车马和武士俑背西面东，向世人展示了整个俑阵具备的锋、翼、卫、本这几个在方阵中不可或缺的组成部分。

1976年4月，考古队对二号兵马俑坑进行了发掘。与一号坑不同的是，二号坑的兵马俑明显地分隔成四个不同形状的军阵布局。

第一个空间是由334件弩兵组成的方形集团。

第二个空间为64乘轻车组成的方形队。

第三个空间是由19乘重型战车和百余件随车步兵组成的长方形劲垒。

第四个空间则是由6乘战车和124件骑兵组成的快速、迅疾的杀伤力量。

尽管二号坑中的四个军事集团不能单独成阵，但是他们一旦得以组合，就会形成一个具有强大杀伤力和攻击效能的曲形阵。

1977年3月，考古人员对三号兵马俑坑进行了挖掘。

三号俑坑的南边有一个较大的房间，考古人员把它命名为南厢房，通过对发现的帐钩等饰件的分析，可以断定这是一个供休息的地方。

北边有一个同样的北厢房，排列着22件武士俑。坑中的车马房中有彩绘木质战车1乘，战车上有4件陶俑。

这个俑坑是做什么用的呢？考古人员推测，这应该是兵马俑军阵的指挥所。

南北厢房可能是军事将领研究制订作战方案的地方。这辆战车可能是指挥者的专车，用来观察战场形势。

三号坑位于整个战阵布局的西北方向，这个指挥机关位置的选择，既有利于将领研究制订严密的作战方案，又便于观敌布阵、知己知彼。更为重要的是，这里避开了整个军阵的正面，一旦开战，指挥将领的人身安全就有了保障。

秦始皇陵兵马俑的出土，让现代的人们看到了他当年是凭借一支怎样的军队征服了六国，而且让人们窥测到了秦军当年深刻的军事战略和军事思想的脉络。秦俑坑的军阵布局和兵种排列，隐现着一种军阵和兵种配置随战场情况变化而改变的迹象。

可以想象的是，战争一经开始，阵前的弓弩手先开弓放矢，以发挥其穿坚摧锐的威力；一号坑的步兵主力乘机向前推进；二号坑的骑兵与车兵避开敌军正面，以迅猛的特长袭击敌军侧翼。一号坑步兵主力在接敌的同时将队形展开，和车骑兵种共同将敌军包围，致使敌军呈困兽之状，从而达到歼灭的目的。

千古一帝的秦始皇正是利用这样一支所向披靡的大军和划时代的军事战略、战术思想，涤荡中原，席卷天下，统一了中国。

跪射俑

千面陶俑

兵马俑坑中，众多的兵俑个性鲜明、栩栩如生，所有陶俑面目无一雷同。他们平均身高一米八左右，精干魁梧，庄严肃穆。就数量最多的武士俑而言，以年龄区分，有稚气未脱的少年，也有满脸沧桑的老兵；以表情而言，有的面带微笑，有的愁容满脸；以民族而言，既有中原人士，也有边疆壮汉。总之，每一个武士俑都透露出不同的身世、外表和心事。从他们的眼中，能看到的是幼稚和成熟的区别，完全看不到对死亡的恐惧——既然生为男儿，就要用生命去拼搏，赢得功名与荣华。

如果仔细观察，还会发现陶俑不但仔细塑造出发纹、指甲，甚至连不被人们注意的鞋底的针脚、铠甲的编缀方式、掌面上的生命线都被一一刻画了出来。

今天，面对这些秦俑，凝视着他们的面庞，我们似乎依然能感觉到他们2000多年前的呼吸，以及心脏的跳动。

兵马俑

秦始皇的文治经纬

2001年9月22日，在秦陵附近又发现了一个陪葬坑。

考古人员发现这12尊陶俑均戴有长冠，有的陶俑腰带上还佩挂着环首陶削，以及长条扁平状的小囊。对于佩挂的陶削，考古人员判断属于一种古代文具，应该是刮削简牍用的书刀——秦朝时字是写在竹片上的，如果写错了，可以用小刀刮掉后重写。陶俑身上的囊中之物，可能就是扁平的石块，它与削相配，作为文具只能是砥石——砥石为磨刀之具。

专家推测，这些陶俑应属一定级别的文职官员。

文官们的面部表情呈现出他们作为高官的自信和恭谨。他们面带微笑，但又必须时刻注意、低眉顺眼，以表示对皇权的畏惧和恭敬。

文官俑坑的人与物的布置和摆放情况，很像秦始皇中央官署的样子。众多陶俑面向北站立，他们的北面正是秦始皇陵墓封土的方向，封土之下便是秦始皇。这意味着帝王南面而王，臣子北向而朝拜。

秦始皇把秦国政府的官署带到了地下，让他们继续管理他的冥界帝国。

遗产知多少？

你知道兵马俑有哪些种类吗？

兵马俑分为士兵俑（步兵、骑兵、弓箭手）、将军俑、文官俑、百戏俑（杂技演员）、陶马、战车等。其中，士兵俑占绝大多数，将军俑仅出土约10尊，文官俑和百戏俑更罕见。

陶 马

铜车马部件

铜马越千年

1980年10月3日，考古专家程学华拿起探铲深入地下。当一块金丝灯笼穗出现在眼前时，他"啊"了一声，蹲着的身体像被击了一棒，瘫坐在地上。

这块光彩照人的金丝灯笼穗证实了，在7米深的地下，暗藏着稀世珍宝——秦始皇铜车马。

这组铜车马为20世纪世界考古界发现的最大青铜器，总重量达1243公斤，其形制相当于真马真车的一半。如此装饰豪华、完整齐全的古代青铜车马，在世界上是首次发现。它那无与伦比的工艺技术和高超的冶金铸造水平，是同时代任何青铜器物所无法匹敌的。

专家们通过考证并达成共识，一号车为古代的立车，驭手和乘人都站在车上；二号车为安车，驭手坐在前驭室，乘人坐在后部的主室。从车顶和车内的装饰推断，安车应当是秦国高级臣僚所乘之车。

也就是说，这两乘铜车只不过是秦始皇陵中整个车队的一部分，尚有大量的车马没有出土。从某种意义上说，这只是秦始皇当年出巡车队中的一组，并不是秦始皇本人所乘之车。秦始皇乘坐的车，比这两辆要豪华多了。

秦始皇把整个车驾也带到了冥界，他在另一个世界中，依然要威风凛凛地出巡。

一号铜车马

二号铜车马

青铜鼎与百戏俑

3号坑

青铜大鼎

5号俑

1999年5月，正是初夏季节，在秦始皇陵东南方向的内城之间，又发现了一个陪葬坑。经过试掘，出土了一批非常罕见的陶俑。这些造型奇特的陶俑，从装束和姿态看，都是秦陵地区从未出现过的一种新的形象。与秦陵兵马俑相比，这些陶俑透着一股鲜活灵动的气息，充满生命张力。这些陶俑是干什么的？为什么形象如此特殊？

考古学家从俑的造型、动态，推断他们应该是反映秦代宫廷娱乐竞技活动的百戏俑。

3号俑可能是百戏中举鼎的角色。

与百戏俑同时出土的，还有一只重达212公斤的青铜大鼎。古代力士举鼎有号称千斤的，据说秦时一斤约为今天的250克，那么，千斤就是250公斤，与出土的青铜大鼎的重量大体相当。因此，这只青铜大鼎极有可能是当时壮士们举鼎时的工具。

5号俑应是百戏中的持竿者。

咸阳宫出土的壁画中如实反映了宫廷宴会上百戏表演的节目，其中有一幅表现的就是缘竿之戏。所谓缘竿之戏，就是一人举竿，一人爬竹竿。

当年秦宫廷中一定经常表演这类杂技节目，于是，秦始皇把娱乐项目也照搬到了陵墓中，让他在阴间的帝国中可以继续欣赏。

瑶池鹤影伴丝竹——秦始皇的长生幻境

2000年7月，秦始皇陵区又传来惊人的消息：秦陵东北角900米处的地方，又发现了一个陪葬坑。

经过发掘，出土了几十件青铜禽类文物。

出土水禽的地方还有一个水池。这些水禽非常整齐有规律地分布在水池两边的台地上，有的在觅食，有的在小憩，有只青铜仙鹤的嘴里还衔着一只青铜制成的小虫子。虽然它们动作各异，但头部都面向中间的水池。

稀有的青铜水禽，清澈见底的河水，给人以神秘莫测的感觉。

为什么要模仿水禽的生活场景？这个问题像磁石一样吸引着考古学家们的视线。

在这个坑的另一处，出土大型陶俑15尊，其中一尊左手持一长形物件，似乎是乐器类物品。右手向下拨动乐器上的弦索，好像正在演奏乐器。另一尊右手中原来好像拿有一个长方形的物品。他们似乎是一组乐舞艺人。

有水，有禽，有乐舞表演，这是要做什么呢？

这个陪葬坑绝对不是简单地表现养鸭子或养天鹅的场景。考古学家认为这个水禽坑，是秦始皇为了祈求长寿而造的。这里有仙鹤、天鹅等瑞鸟，还有乐人奏仙乐，营造了一种缥缈的仙界，让不灭的灵魂周游其中。秦始皇将其编织的天国梦想，从人间又带到了地下。

青铜仙鹤

被碾碎的凡人史诗

修建秦始皇陵墓的人最多时达72万人，他们中有很多人，一生都是在秦陵中度过的。站在秦始皇陵顶上，举目四望，苍天茫茫，白云朵朵；俯视四周，很难想象，这规模宏大、布局严谨、埋藏丰富的帝陵周围曾经有很多低矮、拥挤的民房和作坊等，与帝陵形成强烈的反差。

72万劳工，要修建如此浩大的工程，面临如此严酷的生活环境，承受如此高强度的劳动量，必然会有大批人员死亡。他们死后埋在哪里呢？

在许多兵马俑的身上，经常能看到刻着的文字。有一座陶俑上就刻有"咸阳野"三个字。秦朝有一条制度——"物勒工名"，就是说为了保证质量，工匠必须在制作的器物上刻上自己的名字。

透过这几个冰冷的文字，我们或许还能看到在那个遥远的年代一些普通人的命运。

秦始皇的陵墓一共建造了38年，制作陶俑也有十多年，也许，这位叫野的工匠十多年都是在兵马俑作坊里度过的。还有数量庞大的工匠在从事着和野相似的工作，到目前为止，考古学家一共发现68名陶工的名字。

就是这些像"野"一样的普通人，在一种生命时刻受到威胁的环境中，制造出了今天这些栩栩如生的陶俑。我们至今还能从兵马俑身上精细的刻痕之中，感受到工匠们当年一丝不苟的神情。

遗产知多少？

世界第八大奇迹

1978年，法国前总理希拉克参观兵马俑后感叹："不看金字塔不算到过埃及，不看兵马俑不算到过中国"，并称其为"世界第八大奇迹"，这一说法广为流传。

每个陶俑的面容、发型、服饰、姿态各异，甚至呈现出了地域特征（如关中、巴蜀士兵的面部有差异）。兵马俑的发现证实了《史记》中秦始皇陵"穿三泉，下铜而致椁"的记载，揭示了秦军的编制、武器配备、战术思想等。秦兵马俑不仅是中国古代军事、艺术、科技的巅峰之作，更是人类文明史上的瑰宝。

殷墟与甲骨文

开启商朝文明

大约在公元前1300年,当希腊人用木马计攻陷了特洛伊城的时候,在东方的大地上,黄河中游的洹水之滨,迎来了一支浩浩荡荡的、大规模的迁徙队伍。他们从都城"奄",经过长途跋涉来到了一个被称作"北蒙"的地方。

此时,正是商王朝的第20任国王盘庚统治时期。为了扭转自商王仲丁以来,连续九世混乱的政治局面,摆脱前任商王党羽的牵制和影响;为了使人民安居乐业,国家繁荣富强,盘庚毅然决定迁都,把都城从位于今天山东曲阜一带迁到了河南北部的安阳。

这里西倚太行山,东接平原,黄河自西南向东北流去;南跨淇水,北临漳河,洹河从其中部穿过。3300年前,这里土壤松软肥沃,气候温暖湿润。

很快,一座繁荣的都城在这里出现。据记载,"北蒙"又被称为"殷",所以盘庚迁都以后的商朝又称作"殷商"。

200多年以后,这座曾经繁华的都城变成了废墟,埋藏在尘土之下。经过3000多年的岁月洗礼,殷商逐渐从人们的记忆中消失了。有关商朝文明的记载也几乎成了神话和传说。

殷墟出土的卜骨与甲骨

一片甲骨惊天下

19世纪初,西方学者断言,中国文明只能上溯到公元前841年。由于没有明确的纪年,中国在公元前9世纪以前的历史就变得模糊不清、真伪难辨,更得不到西方学者的承认,曾经辉煌的文明变成了天方夜谭。

沦为废墟的商代都城再也没有繁华过。由于北蒙这一带地势略高,因此,自战国以来,特别是隋唐时期,这里一度成为埋葬死人的乱坟岗。

从宋朝开始,这里才逐渐有人移居,后来慢慢形成了村落,叫作"小屯"。清朝末年,小屯的居民们常常在耕作时从地下挖到一些碎骨片。这些骨片是中药铺里珍贵的药材,被称为"龙骨"。于是人们将这些碎骨片收集起来卖给城里的中药铺。

1899年,北京国子监祭酒王懿荣患疟疾,差人到北京城内的达仁堂药店购药,其中有一味中药即叫"龙骨"。

王懿荣是个极其细心的人,每一次买回来的中药,他都要亲自察看。而这一次,他竟然有了新的发现。

龙骨,其实就是龟甲或兽骨的碎片。而在这些碎片上,他却发现了一些奇怪的图案。更让他震惊的是,这些图案不是自然形成的,而是人为刻画上去的一些符号。

王懿荣是著名的金石学家。他的古文字知识使他很快意识到这些"符号"的重要性。

他一面差人前往药店购回更多的"龙骨",一面继续研究。最后他终于认定,这些符号正是最古老的中国文字,它们来自3000多年前的殷商。

从此,王懿荣倾尽所有,成了现代第一位甲骨文收藏家。

遗产知多少？

遗产名片

殷墟于 2006 年在第 30 届世界遗产大会上被联合国教科文组织正式列入《世界遗产名录》，成为中国的第 33 项世界文化遗产。国际评估机构高度认可其历史、艺术和科学价值，尤其是甲骨文对汉字演变和古代社会研究的贡献。

商王朝的多维记忆

殷墟位于河南省安阳市的西北郊区，面积约 36 平方千米。其布局以小屯宫殿宗庙区为中心，分布在洹河南、北两岸，是一座开放性的古代都城。

1936 年，考古队在殷墟宗庙区内发现了一个巨大的甲骨窖穴，这是殷墟历年考古工作中出土甲骨最多的一次。这个窖穴就是著名的 H127 甲骨堆积坑。

在面积 1.02 平方米的土中，龟骨总数为 17096 块，其中整板的龟甲就有 300 块之多。如今我们看到的是，H127 出土的甲骨堆积层的复制模型。

在这些甲骨上面还有一具蜷曲的人骨架。专家们根据这具人骨架的姿势推测，死者可能是自愿跳入坑中殉葬的。

殷商时期，人们大多有意识地将使用后的甲骨储藏起来。这里正是商人储藏甲骨的大型窖穴。这名殉葬者很可能就是掌管这个甲骨窖穴的管理员。

这些甲骨上的文字的内容十分丰富，涉及商代社会的政治、军事、农业、天象历法、生育、疾病、田猎、贡纳和祭祀等多方面的内容。这些信息成为我们触摸那个远古时代的宝贵线索。

殷墟博物馆全景

妇好墓与甲骨文

史书中关于商朝这个远古王朝的记载十分有限。

商朝的文字通常是刻在龟甲或是牛肩胛骨上的，这些刻在甲骨上的文字，我们称之为"甲骨文"。而这些甲骨文并不是当时的典籍，而是商人用来占卜的卜辞。

卜辞，是负责占卜的贞人（即卜官）灼烧龟甲骨，占卜之后，在甲骨上记下的有关卜问的内容。

一条完整的卜辞，包括叙辞、命辞、占辞、验辞四个部分。

有一块卜辞是这样记载的："妇好供人于庞。"它的含义是，在战争前，妇好先在一个叫作"庞"的地方征兵。

"贞，登妇好三千，登旅万，乎伐。"这条卜辞中说，妇好领了三千兵马加入了国王万人的军队，一起去征伐远方的国家。

这是现有甲骨文中记载的规模最大的一次战争。这样的兵力与现代战争中动辄几十万的大军相比，也许算不了什么。然而，如果按照当时人口的比例计算，1.3万人相当于抽走了王都十分之一的人口。那么这场战争的规模就显而易见了；而这次的统帅将军妇好，也必定是一位十分重要的人物。

卜辞中记载的大都是与国王相关的事情。这样推测，妇好这位将军也应该是王室的一名成员。

从其他卜辞的记载中，我们得到了更加令人震惊的信息，妇好将军竟然是一位女性，并且她还怀上了国王的孩子。

国王武丁对未出生的孩子非常关心，他急切地想知道这个孩子是男是女。这一切都说明妇好将军的确是一位王后。

3000多年前的殷商，依然是一个男尊女卑的社会，一位尊贵的王后，同时又是一名战功赫赫的女将军！这难道真的是事实吗？这个古老而神秘的王朝留下了无数的未解之谜。

1976年，考古队意外地发现了妇好的墓葬。其墓室南北长5.6米，东西宽4米，深7.5米。整个墓葬保存完好，由于其墓室底部被水淹没，所以妇好的棺椁已经完全腐烂了。也许正是这个原因，盗墓者才没有发现这个墓葬。

出土的随葬品让人们第一次领略到商代王室墓葬的奢华。

青铜器、玉器、骨器、石器等共计1928件。这些器物，做工精美，雕刻精细，堪称商代的精品。墓葬中还有6800多枚南海贝壳。这些海贝就是商代的货币，它们是财富的象征。

钺（yuè），是商代的一种兵器，更是一种权力的象征和军事指挥的标志。这一件重达8公斤的青铜钺上，清晰地铸有"妇好"两个字。这充分证实了史书和甲骨文的记载，王后妇好的确是一位将军。

妇好墓是目前唯一能与甲骨文联系并断定其年代和墓主人身份的商代王室成员墓葬。

遗产知多少？

为什么说甲骨文是汉字的起源？

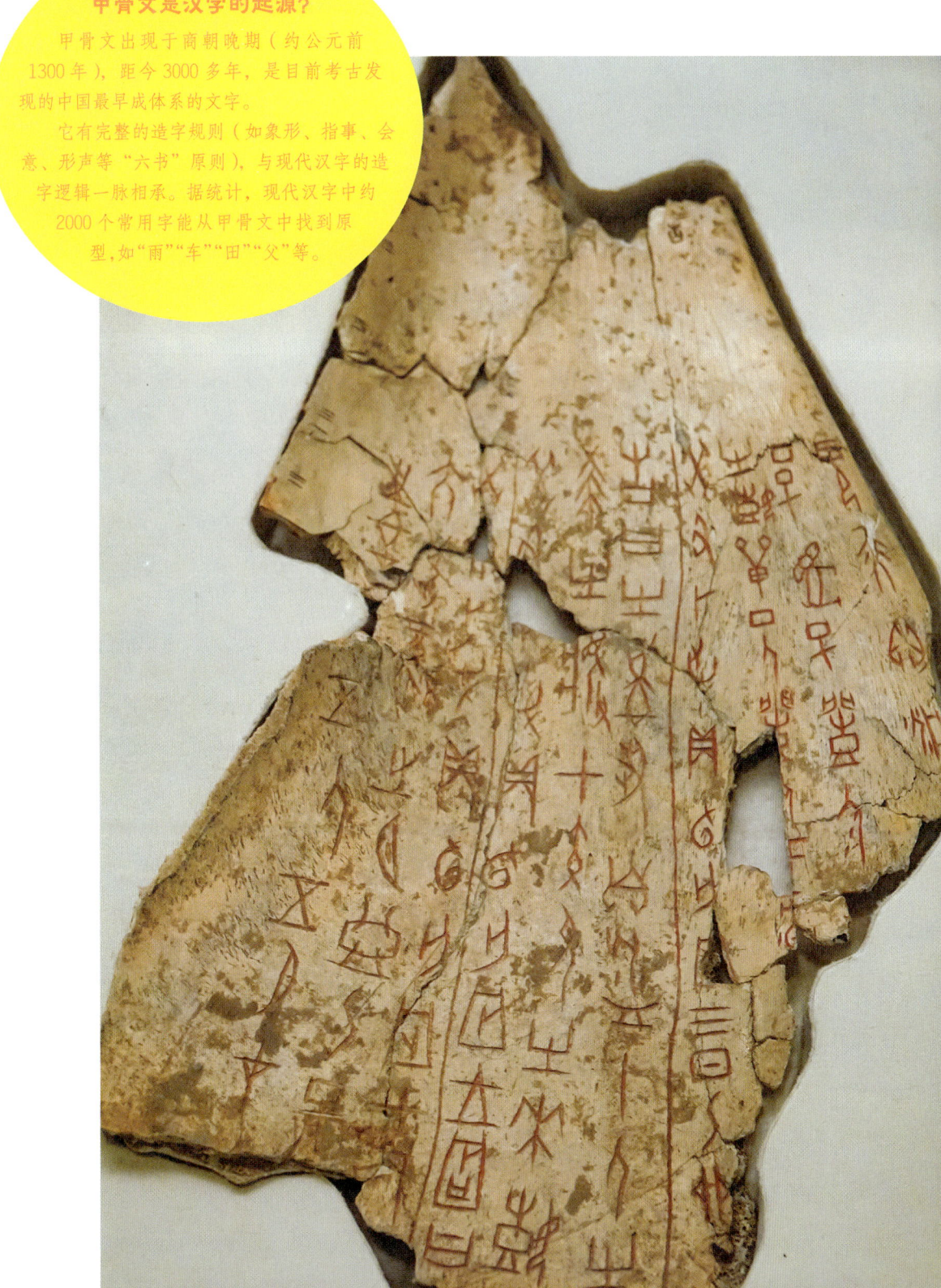

甲骨文出现于商朝晚期（约公元前1300年），距今3000多年，是目前考古发现的中国最早成体系的文字。

它有完整的造字规则（如象形、指事、会意、形声等"六书"原则），与现代汉字的造字逻辑一脉相承。据统计，现代汉字中约2000个常用字能从甲骨文中找到原型，如"雨""车""田""父"等。

遗产知多少？

商朝人是"占卜控"

商朝人将占卜视为与神灵沟通的"神圣科学"。他们认为自然现象（风雨、雷电）、战争胜负、疾病生死都由神灵和祖先控制，必须通过占卜"请示"才能行动。商王作为"神的代言人"，几乎所有国家大事都需占卜，包括战争、祭祀、迁都、农业等。

这种习俗催生了甲骨文，保存下了珍贵的历史记录，也让我们看到3000多年前古人是如何试图理解并掌控未知世界的。

商代文明的双重面孔

1939年，在王陵区内，武官村村民挖出了一个巨大的青铜方鼎。

这就是迄今为止出土的最大的青铜器——后母戊大方鼎。它重达832公斤，高133厘米。事实充分说明了，在3300多年前，商人已经拥有了精湛的冶炼和铸造技术，社会生产力已经相当发达。

在殷墟的考古发现中，除了大量的商代文化遗迹外，遗存更多的就是遍地的残断尸骨。无论是在宫殿区，还是在王陵区，出土的大量人骨残骸让人触目惊心。据甲骨文记载，商人祭祀祖先时，屠杀奴隶做贡品，最多时竟达到2600多个。

这些殉葬的尸骨大部分残缺不全，有的被砍掉头颅，有的被拦腰斩断。专家们通过骨骼鉴定发现，这些殉葬者大都不是商朝的子民，而是异族的奴隶。

在战争中俘获的异族战俘成为奴隶。奴隶是殉葬和祭祀的人牲。商人认为，战俘和抢夺的牲畜一样，都是献给祖先最好的贡品。

国之大事，在祀与戎。祭祀和战争是商王朝的立国之本。

商人在战胜敌对部族后，会将敌方首领的头颅放在青铜器中蒸煮，然后祭祀祖先，这是十分隆重的祭祀活动。

商人把对祖先的崇拜和对自然的崇拜合为一体，天神即是上帝，也是宗祖神。这种祭天祀祖的观念，一直以来都对中华文明有着深远的影响。

在殷墟出土的道路遗迹上，可以清楚地看到并行的车辙痕迹，以及人行道的位置。远古的殷商，已经具有了现代的交通概念，它的文明程度简直令人难以置信，而对奴隶的残酷屠杀也同样令人发指。

远古的殷商，是一个充满了神话和传说的国度。这里有古老的文字和璀璨的文明，这里有残酷的战争和野蛮的杀戮。

殷墟不是一座简单的都城，而是一个王国的缩影，是东方文明形成中的重要驿站。

商代车马坑

超级工程

长城，巨龙般蜿蜒于山脊，以雄浑之姿守护着中华疆土，成为民族精神的永恒图腾；

都江堰，巧夺天工的无坝水利奇迹，以灵动之态润泽天府之国，演绎着人与自然和谐共生的千古传奇。

万里长城

冷兵器时代的超级防御工程

长城，诞生于公元前700多年，几乎伴随了中国封建社会发展的全过程。它是世界上有史以来最长的一道军事防御工程。它蜿蜒曲折，像一条巨龙，跨越崇山峻岭，江河湖海，横卧在中国北方的土地上。它的总长度几经变化，全部加起来超过了5万千米。

今天，长城作为中国的象征，热情地迎接着来自世界各地的朋友。这些游客们可能并不知道，他们脚下的这些砖石，其实非常年轻。真正古老的长城，有着完全不同的面貌！

中国古代防御体系的起源

在中国这片古老的土地上，日出而作、日落而归的农耕生活生生不息地持续了近3000年的历史。公元前1046年，诞生了一个新兴的国家——西周。

西周依托黄河流域而建，地处中原。国土四周分布有氐、夷、羌、戎等众多的少数民族部落。

为了有效地保卫国土、防御外敌入侵，西周军队开始不断地修筑土堆。这种土堆在当时有一个形象的名字——烽火台。

烽火台以夯土构筑，看似土堆，实际上却是一套先进、实用的烽燧系统。烽和燧外观相似，功能却不同。日间点燃，以烟报警叫"燧"；夜间点燃，以火为号叫"烽"。

在已出土的汉代书简中记载了当时烽燧系统的分布规律。烽相距平均40到50米；燧则要密集得多，相距只有10米左右。点燃的烽火，可以在24小时内横跨1000多千米。在最短的时间内，向援兵发出报警信号。

西周的最后一个帝王——周幽王，为博得美人一笑，竟把烽火台当作玩物，无故燃起烽火，引来四面八方的援兵如热锅上的蚂蚁，乱成一团。美人笑了，西周的运数也到了尽头。公元前771年，西周灭亡。

在给后世留下"烽火戏诸侯"的笑柄之后，当时先进的防御系统——烽火台也流传了下来，它成为长城最早的雏形。

西周灭亡后，中国进入了四分五裂、诸侯割据的春秋战国时期。各个诸侯国居住的领地，有明确的划分，也需要自我防护。于是，他们筑起一道道高墙，将自己的居住地围在中间。

当时中国的北方，居住着许多游牧民族。他们没有耕地，逐水草而居。旱季到来时，为了生存，他们便骑上快马，闯入中原地区掠夺粮食。游牧民族飘忽不定的行踪和迅疾猛烈的攻击力，总是令中原边疆的农民甚至军队，束手无策，叫苦连天。

为了阻挡游牧民族的进攻，中国北部各诸侯国开始用墙将烽火台加以连接，来保卫家园，这样就形成了早期的长城。

古老的烽火台

遗产知多少？

遗产名片

长城于1987年被联合国教科文组织列入《世界文化遗产名录》。长城与罗马帝国边墙（德国长城）、印加古道等共同构成世界遗产中的"线性防御遗产"类别，体现了人类对边疆治理的多元智慧。

砖石血泪铸雄关

从春秋战国时期各诸侯国开始修筑长城时起,"长城"这个伟大的军事防御体系,就在中华大地上不断地重复着重建与毁坏的历史。没有人知道到底有多少长城遗址散落于山川之间,静静地等候着人们发现。

长城实在是太古老了,自公元前5世纪的战国时期,它便屹立在中华大地上,无声地见证了无数王朝的兴衰。

公元前221年,秦始皇统一了中国,建立起中国历史上第一个统一的中央集权的封建王朝。他自称"始皇帝",期盼着秦王朝将成为二世、三世、四世,直至万世永继的铁打江山。

秦始皇很清楚,游弋在北方的草原民族,是帝国存亡的最大边患。从公元前214年开始,他便下令拆除诸侯国之间相互防范的长城,把原来燕、赵、秦三国专门用来对付游牧民族的旧长城,进行修缮、连接,并在北部边疆的其他地方增修新的长城。7年后,一条西起陇西临洮、东到辽东,长达5000千米的长城完工了,这成为名副其实的万里长城。

根据史书记载,秦朝参加修筑长城

八达岭长城

的军队约40万人，除此之外，还征用了50多万民夫，包括囚犯、贫民、女子，总人数近百万。当时，秦朝有2000万左右的人口，根据这个数据计算，每20个人中就有一个人参与了长城的修筑。可以说，秦始皇是动用了整个国家的人力和物力才完成这项伟大工程的。

长城修好后，秦始皇还调派了20万军队进行守卫。驻军分为两种，一种是从当地直接招募的，另一种则是不远万里从中原地区征调来的。根据秦制，驻守长城的部队除了确保边塞安全之外，还需要负责长城的维护和修缮。

为了解决庞大驻军的生活需求，守卫长城的士兵被要求一边戍边，一边垦荒耕作。公元前178年，军需屯田的制度正式在北方边郡推行。这种方式，不仅解决了军队自身需要的口粮，而且有盈余，达到一人耕作，能够养活两个甚至三个人的水平。屯垦戍边的生活，日复一日，年复一年，很多人再也不曾重归故土。

为了排解心头的寂寞和孤独，很多士兵都在长城脚下成家立业，娶妻生子。家的存在，让长城有了鲜活的生命。

秦始皇以举国之力，终于让万里长城横亘在中华大地上，他和被他消灭的六国诸侯一样，试图用长城将自己的国家围起来，以城为国，将敌人拒之墙外。但伴随这一伟业而来的强征暴敛，也激起了老百姓的不满和愤怒。

山海关号称"天下第一雄关"。在距离关城十几千米外的一座小山上，建有一座孟姜女庙。这座庙已经有1500多年的历史。庙里供奉的不是释迦牟尼，也不是玉皇大帝，而是孟姜女，一位普通的民间女子。

庙里的古树上，系满了红色的祈福带，它表达了人们对孟姜女的敬重。

相传，孟姜女的丈夫被官家拉去修长城，一走数年没有音讯。于是，孟姜女带着亲手缝制的寒衣，走了上千里寻夫之路。可是，当她赶到工地时，丈夫早已成为一堆白骨。孟姜女痛哭不止，她的眼泪化作滔滔的洪水，冲垮了长城。

文明交汇的物理坐标

很多人看了北京八达岭的长城,以为长城就是这个样子。其实,长城的形态五花八门,并没有一个固定的模式。

汉长城既不同于秦长城,也不同于后来的明长城。除了实体的墙,它还包括一条由众多烽燧组成的烽燧线。也就是说,墙体和延伸的烽燧线,共同构成了与众不同的汉长城。

汉朝建国之初,北方的匈奴趁着中原战乱,深入长城之内达三四百千米,不断进行侵袭,威胁着这个新生的王朝。

经过70多年的休养生息,汉朝国力逐渐恢复。雄才大略的汉武帝开始一边征伐匈奴,一边大规模地修筑由甘肃到新疆罗布泊的烽燧、亭障。这就是留存至今的汉长城。这条烽燧线与历朝历代修筑的长城相连,总长度达10000多千米。它起始于玉门关以西的罗布泊,向东一直延伸到鸭绿江,是历史上分布地域最广、跨度最长的长城。

汉长城在全盛时期几乎毫不间断地穿越甘肃、内蒙古、河北、辽宁的广大地区。

甘肃省玉门关保存有汉代烽燧。在这里,除了烽燧之外,考古队员们还发现了一种特殊的文物——积薪。积薪就是分堆存放的容易点燃的柴草。戈壁滩干旱少雨,时隔2000多年,这些柴草依然保存完好。

当年,在此驻守的士兵提前将积薪规律地分布于烽燧附近。一旦发现敌情,他们可以迅速地将柴草放进笼筐,系在长杆上点燃,以烽烟为号,通知周围的诸侯国前来救援。

除了积薪,甘肃省敦煌市博物馆内,还收藏着一种叫"引火苣"的文物。这种将易燃柴草捆扎成束的工具,起引火的作用。士兵们就是用它来引燃笼筐中的大堆柴草。而巨型引火苣,则是为了点燃置于高处的柴草。

在沙漠里修长城,只能就地取材。所以,汉长城大量使用戈壁滩上取之不尽、用之不竭的黄沙、泥土和砾石。戈壁滩上丛生的芦苇、红柳和胡杨,也被当作了现成的建筑材料。

随着汉武帝东征西伐,汉朝国力日益强大,疆土从中原地区扩展到西域一带。凭借长城的保护,中原和西域乃至中亚、西亚的贸易往来日渐兴盛,沿着长城的轨迹,形成了著名的"丝绸之路"。

西来的客商把美玉、香料,连同宗教、音乐,源源不断地输往中原;中原的丝绸、火药、指南针也通过这条路,运往世界的四面八方。这时的长城,不但是保卫"丝绸之路"的屏障,更成了连接中原和西域友好往来的纽带。

积 薪

居庸关全景

明长城军事防御体系

建于公元1368年的明王朝已经完全没有了唐朝的辉煌和气魄。修建长城不仅被重新提上了议事日程，而且在公元15世纪中叶后，发展到了登峰造极的地步。

明朝建国之初，被推翻的元朝残余势力退回到塞北，却依然保持着强大的军事实力，时常侵扰边疆，掠夺百姓。为此，明朝开始对长城进行了断断续续的维护和修缮。

这次重修长城的工程，包括山海关。这座成为万里长城形象代表的重要关城，由明朝大将军徐达亲自选址并建造完成。

居庸关，万里长城上最负盛名的雄关之一，自古就是位于北京西北的重要屏障。朱元璋灭元之后，元顺帝虽然被赶出了大都，但仍想卷土重来，收复失地。居庸关是他南下的必经之路。明英宗统帅的大军，在一个叫作土木堡的地方与瓦剌也先部相遇，明军惨败，明英宗被俘，数十万明朝军队全军覆没。

土木堡之败成为明朝历史的转折点，从此，明朝开始调整防卫策略，再也不敢轻易出兵，而是选择龟缩于中原。公元1568年，在镇守边关的将领、蓟辽总兵戚继光的建议下，明朝开始大规模重建和维修长城。日益羸弱的明王朝，希望以长城为屏障，遏阻剽悍勇猛的蒙古骑兵南下。这次重建成为中国历史上最后也是规模最大的一次对长城的修筑。

鼎盛时期的明长城东起鸭绿江，横贯今天的辽宁、河北、天津、北京、内蒙古、山西、陕西、宁夏、甘肃九个省（自治区、市），一直延伸到甘肃嘉峪关。

大规模重建、维修长城，势必需要大批士兵。明朝通过严格的国家兵役制度，将湖、广两地的人强制北迁，以便重建并驻守长城。

驻军除了负责重建长城，还要负责辖区内长城的维修。为了便于管理，筑城工程被分为若干个标段，各有管辖，并且在不同标段间设立界碑，以便分工负责。

在中国历代的长城中，明长城的工程最为坚固，军事防御功能也最为完善。从一开始，长城的主要功能就是着眼于对骑兵的防御，到了明朝依然如此。因此，"因地形、用险制塞"是修建长城的基本原则。

"因地形"，要求这道用人工垒城的办法构筑起的雄伟的军事防御工程，在山地，要踞于峰峦之脊；在平原，要扼守要冲之地。

"用险制塞"的"险"，包括了险要的地形和险恶的生存环境。除了依山傍水、利用天然险阻修墙筑城、抵御强敌外，还可以依托长城控制水源、绿洲和交通要道、隘口，使来犯之敌因为得不到补给，被迫放弃进攻。

金山岭长城的多层次防御工事

很多人只知道长城是世界上最长、最大的军事防御工程，但是，对长城的防御体系到底有什么特点，却是雾里看花，若明若暗。

其实，长城从诞生的那天起，就不是一道孤立的城墙。除了烽燧、城堡等设施外，在重要的防守地段，它还以城墙为支撑点，构筑起纵深防御工事。

金山岭长城上就保存着一处较为完整的纵深防御体系，只是它被杂草树木

掩盖，很多人将它遗忘了。

整个防御体系以被称作"库房楼"的敌楼为核心，外围包括三道军事防线，共同构建起立体防御体系。

库房楼西面的一座山梁上，砌有一道南北走向的高大城墙，叫"支墙"。支墙上筑有两座高大的敌楼和用来施放火炮的炮台。库房楼左右两侧200多米远的山头上，各筑了一个圆形瞭望台，可以及时观察远方的敌情。

支墙与库房楼相通，遇到攻击，防御者不但可以利用支墙进行机动，还可以对入侵之敌形成腹背夹攻、合击之势。这道支墙使长城摆脱了一线式防御的被动模式，成为敌楼的第一道防线。

在库房楼外侧50多米远的半山腰上，有一道用石块砌成，长200多米、高2米的挡马墙，它可以阻挡敌方骑兵的攻击。这是库房楼的第二道防线。在库房楼外侧紧靠楼脚下，有一个长15米、高2米的半圆形战台，战台上设有密集的射孔，这是库房楼的第三道防线。这种点、线、面相结合的立体防御工事，易守难攻。

金山岭长城上的空心敌楼

百材千工

从某种意义上说，长城就是一座砖石砌成的保护墙。明朝修筑长城使用的原材料，大多是砖块和石头。石头分为片石、块石、条石，层层堆积之后，再往上砌砖。砖块则由专门的窑洞烧制。

当年烧制长城砖的窑，有些还完好地保存在乡间。河北省秦皇岛市板厂峪村就发现了一处明长城砖窑群。根据考古挖掘和探测，专家发现，这片农田下，埋藏了66个明长城砖窑。挖掘工作结束之后，为了便于保护，工作人员对绝大部分砖窑进行了回填，只留有两个供人们参观。

据了解，一口窑产砖量在5000块左右。修筑1米长城，需要1窑砖；如果加上墩台和关城，则需要大概1窑半砖。明长城东部长1500千米，以此为例，计算下来，需要200多万窑、120亿块砖。

除了普通的长城砖，山海关罗城的城墙上还保存有大量文字砖。这些青灰色的砖，质地坚固厚重，侧面模印有凹陷的阴文。虽然经过长年的风化，很多字迹变得模糊了，但是仔细辨认，还是能够看出其中的一些文字。

砖石是修筑长城的主要用材，却不

是唯一用材。长城墙体在建造过程中，依据因地制宜的原则，采用了五花八门的建筑材料和形式。

白羊峪长城界碑以东使用紫红色大理石，形成了罕见的大理石长城。赤城独石口段的山上，还保存有一段长达 1000 多米、由红色片石垒砌而成的长城。石片间没有使用任何黏结的材料，完全依靠巧夺天工的垒砌工艺修筑而成。

甘肃省境内保存的明长城，很大一部分是由黏土混合沙砾垒砌而成。野麻湾段的明长城，因为北方干旱少雨，历经数百年而不毁，绵延不绝，令人啧啧称奇。位于董家口的长城，则利用了天然崖壁。光滑的墙面兀立陡峭，一夫当关，万夫莫开。

长城，历经数千年烽火的洗礼，在见证人类文明发展史上辉煌和光荣的同时，也目睹着令后世难以忘怀的灾难和伤痛。长城不仅仅是一道古代的军事防御工程，同时也是一处巧夺天工的文化景观。

遗产知多少？

长城有哪些功能？

军事防御：抵御游牧民族的侵袭（如匈奴、蒙古）；

经济纽带：保护丝绸之路商队，促进东西方贸易发展（如丝绸、香料交换）；

民族融合：戍边士兵与当地居民通婚，促进文化交流。

遗产知多少？

长城到底有多长？

长城全长为 21196.18 千米（含历代所有现存遗迹），相当于绕地球赤道半圈以上。

长城横跨中国北方15个省、自治区、直辖市，地理跨度极大。由城墙、烽燧、壕堑、天险等组成，部分地段借助自然屏障（如悬崖、河流）建成。

省　份	代表性段落与特色
辽　宁	虎山长城（明长城最东端）、九门口"水上长城"（世界遗产扩展项目）
河　北	山海关（天下第一关）、金山岭（保存最完好）、喜峰口（水下长城）
北　京	八达岭（最著名）、慕田峪（景观壮丽）、司马台（险峻"天梯"）
天　津	黄崖关（八卦城设计）
山　西	雁门关（中华第一关）、杀虎口（走西口的起点）
内蒙古	赵长城（战国遗迹）、汉外长城（草原戈壁段）
陕　西	镇北台（最大的烽火台）、榆林明长城（黄土高原段）
宁　夏	三关口长城（贺兰山隘口）、水洞沟土夯长城（明代边防）
甘　肃	嘉峪关（天下第一雄关）、汉长城（敦煌玉门关、阳关）、悬臂长城（峭壁险道）
青　海	大通明长城（海拔最高段之一，约3000米）
山　东	齐长城（最古老，春秋战国遗迹，非明长城体系）
河　南	楚长城（春秋遗迹，南召县段）
新　疆	汉代烽燧线（罗布泊至库尔勒，保护"丝绸之路"）
黑龙江	唐代渤海国长城（牡丹江段，局部遗迹）
吉　林	高句丽长城（集安段，以石块垒砌）

治水奇迹 都江堰
流动的智慧与匠心

　　这是中国西部富饶的成都平原，水遍布在城市和乡村，是平原最生动的表情和息息相关的命脉。

　　水为这里创造了灿烂的历史文化。

　　水为这里创造了无尽的财富。

　　水为这里带来了天地的灵气和永恒的凝聚力。

　　水来自成都西北部的岷江，一座修建于将近2300年前的水利工程，将丰富的岷江水引到了平原。这座古老的水利工程充满着东方哲学和智慧色彩，直到今天还在源源不断地为成都平原创造着奇迹和世代富饶。

都江堰全景

为战争而生的都江堰

公元前 280 年的秋天，秦灭蜀三十多年后，大将司马错在蜀国的首府成都齐集 10 万人马，以 10000 艘战船的浩荡之势从岷江上游出发，顺水进入长江，南下攻楚，实践自己借岷江之势攻楚的军事理念，然而在夺取了楚国的商於后，军队却因粮草和兵马补给不足，在商於陷入了瘫痪，无法继续深入楚国。这次战争的失败暴露了秦国利用蜀国作为攻楚跳板的缺陷。因为当时训练士兵，打造兵器，征集军需物资，主要是在蜀国的中心——成都，可是造船和起运却要在岷江上游的汶山进行。兵马从成都到岷江，至少要经过 50 多千米的陆路，粮草从成都出发也需要数以百万计的劳工在沿途装卸，才能到达码头，这样一来就很难在作战中及时补充兵力和物资。

因此，将岷江改道使其经过成都的想法，在司马错伐楚之后开始酝酿，一项注定将成为人类历史上旷古未有的宏大工程，就这样在公元前 3 世纪群雄对峙、军事利益高于一切的中国大地上开始了。

公元前 272 年，30 岁的秦国人李冰奉秦昭王之命，一路艰险来到蜀郡担任郡守。按照秦国的耕战文化和司马错的军事思想，这位青年郡守要把自己的属地建成秦国统一天下的战略基地，而当时秦楚两国已经形成了剑拔弩张的对立局面，所以将岷江改道，引水经过成都，使其真正成为一条战争补给线这个计划的实施，最终历史性地落在了这位新任郡守的肩上。

火烧岷山引清流

上任后的李冰沿江而上，直抵岷江源头，行进700多米，开始了水情勘察工作。怎样才能让岷江水持续而又稳定地经过成都，使航道畅通，同时在洪水到来时不威胁到平原的城市？修建一个引水和控水的工程成了李冰思考的重点。

经过了长达三年的时间，在公元前270年，一个精妙的治水方案终于出炉，方案中提出如果在蜀郡首府成都建立航道，必须先在岷江河道上建一个既能引水又能防洪的水利工程，这个工程是这条战争补给线成功的关键。当时，秦昭王批准了李冰的计划，在连年战争、国力紧张的情况下拨银10万两，并授权李冰全权负责工程的建设。

岷江是长江最大最长的支流，千百条涓涓细流穿过峡谷，千回百转汇成江河，在万壑间奔腾而下，呼啸而出，一入平原就像脱缰的野马般四处奔泻，任意塑造出了宽阔的河床和时分时合的汊道，不仅水势凶猛，而且全年水量不稳定。那么在岷江河道中哪一个位置设置工程才能更好地控制水的流量呢？这将关系到工程的成败，经过考察，李冰选择了在山丘和平原的分界点上建造都江堰，以锁住岷江的咽喉。

公元前268年冬，李冰率数万民工在岷江河岸动工，工人们用竹片编成笼子，笼内塞满卵石，然后通过渡船将其运输到江心，用整整四年的时间在岷江江心建起了酷似大鱼嘴的分水堤。当江水流至鱼嘴时，自然地分成了内外两江，其中内江为引水河，也就是岷江改道通往成都的工程。这时，李冰遇到了一个棘手的问题，岷江水在坐落于成都平原西北的湔山前戛然而止，这座大山成为内江流向成都平原的天然屏障。而湔山又是江水流入平原的必经之路，怎样才能把水引向成都平原呢？

李冰决定开山辟水路，他要凿开湔

都江堰

山，让江水流入平原，这个决定也就意味着要将一座大山从中截断。但是当时的中国正处于战国时期，那时火药还没有发明出来，也没有更多先进的工具，要把大山劈开就只能依靠钢钎和石锤旷日持久地凿打，如果只用这种方法，凿开湔山至少需要三十年的时间，而秦国的统一大业却迫在眉睫。

直至今日，我们都不得不佩服李冰

遗产知多少？

遗产名片

都江堰于2000年被联合国教科文组织正式列入《世界遗产名录》，成为世界文化遗产。此次申遗以"青城山—都江堰"的名义联合申报，二者共同展现了中国古代道教文化与水利文明的杰出成就。

超人的智慧，他想出了一个奇妙的方法，决定对岩石使用火烧水浇的方式。民工们先在湔山虎头岩岩面上架起大量木柴，点火燃烧，一直烧到岩石发红，再用冰凉的江水一瓢瓢泼向滚烫的石面。经过热胀冷缩，岩石迸裂疏松之后，民工们才腰系吊绳登上虎头岩，挥锤凿打，这样一来便大大加快了工程的进度。

光阴荏苒，历经八年，湔山终于敞开胸怀，虎头岩的山体分开了一条宽20米的水路，工程的关键部分——航道入水口的建成，使得岷江水流入了平原。后人为了纪念李冰的奇思妙想，把这个入水口称为"宝瓶口"，从此，汩汩清流从宝瓶口奔涌而出，永久地灌溉着成都平原。

公元前256年，历时14年之后，世界水利史上的惊世之作——都江堰——建成竣工，开始了它对四川平原持续至今的影响。此后，在从成都出川的畅通水路上挤满了船舶，岷江上游沿岸的木材顺水而下被运往成都，制成战船，士兵和兵器都直接在成都集散。

面对岷江水在成都平原上的新开水源，老百姓纷纷主动开挖大小沟渠，把水引向田间，巨扇式的渠网使广袤的平原及其附近的丘陵一改旧貌，短短数十年，就为曾经旱涝无常的四川盆地增加了万顷良田。从公元前230年开始，又有十万秦国人陆续从北方迁往蜀地，与当地居民共同开垦广阔的平原，囤积的粮食使蜀郡成为当时天下最大的粮仓。秦国国力与日俱增，成为当时中国疆土上最强大的王国。

成都平原

都江堰三大工程

生态治水的智慧

2000多年后的今天，我们仍然可以看到都江堰历经沧桑的朴素外貌与沉着流淌的汩汩清流。这座最初以战略航运为目的修建的水利工程，在完成了当年的统一大业之后，依然发挥着分洪减灾和灌溉兴利的作用，向世人展示了它不可思议的水利哲学和灵动悠远的灿烂文明。

为什么古人因为战争的需要而修建的水利工程，历经2000多年，至今仍能被现代人使用？都江堰的工程设计有着什么样的奥秘呢？

当时，李冰把都江堰工程的修建选择在岷江河流的弯道处，依据弯道的水流规律将江水引入工程的主体，因此，都江堰工程又分为三大部分——鱼嘴分水堤、宝瓶口和飞沙堰。

面对滚滚而下的江水，首先由鱼嘴分水堤把江水分为内外两江，平时六成江水分入内江，以保证成都平原的航运灌溉；夏季洪水到来时，则利用弯道动力学的自然规律，将六成以上的江水泄入外江主流，而后汇入长江，以免成都平原遭受洪涝之灾。同时内江的最终入口——宝瓶口如同约束狂野江水的瓶颈，控制着多余的江水，使其无法进入成都平原，转而从飞沙堰溢入外江，起到二次分洪的作用。

不仅如此，今天全世界水利工程都为之困扰的泥沙排放问题，在都江堰工程中得到了最为精妙的处理。在鱼嘴分流的地方，内江处于凹岸，外江处于凸岸，根据弯道的水流规律，表层水流流向凹岸，底层水流流向凸岸，因此，随洪水而下的沙石大部分随底层水流流向外江了。分沙之后仍然有部分泥沙流向内江。这时，河道又利用江水直冲水底崖壁而产生的漩流冲力，再度将泥沙从河道侧面的飞沙堰排走，洪水越大，沙石的排除率越高，最高竟可达到98%。

都江堰工程这巧夺天工的三大部分，首尾呼应，互相配合，成功地做到了防洪排沙。它所蕴含的精湛的水利原理，使其成为世界水利史上的典范之作。

都江堰如何塑造天府之国？

从远古时期的大禹治水开始，中国人就知道了以"疏导"而不是"堵塞"的方式治水。战国时期，道家学说创始人李耳所主张的"道法自然"的哲学思想，被更加明确地体现在同时期李冰的建堰治水过程中，成为治水的最高准则和思想灵魂。

与现代西方水利工程思路不同的是，李冰并没有使用高闸大坝硬性阻挡江水，而是采用柔性结构的竹笼卵石，以柔克刚；而且充分利用河流的弯道、崖壁的角度所形成的冲力，自然地控制着水量和水流方向。都江堰的工程建设与自然规律达到了协调统一，完美结合。由于工程

不追求一劳永逸，取材因陋就简，所以岁修又使都江堰实现了持续更新，体现了因势利导、朴实无华的东方思想。

更值得一提的是，从鱼嘴的无坝引水到整个平原的灌溉，都江堰的设计都采用了有口无闸的自动分水方式，水以自然的行进方式一分为二，二分为四，在广袤的平原上形成了密如蛛网的自然渠系。

水通过宝瓶口持续稳定地流入成都平原，灌溉的便利使得辽阔的乡村五谷丰登，人们在栽种粮食的同时，还利用多余的水来蓄塘养鱼。水又作为动力，带动水轮、水磨和水碾，用来加工各种农产品。农业不断发展，手工业也得以繁荣，自古喜欢栽桑养蚕的蜀地农民在蚕茧丰收后办起了缫丝作坊。从汉代起，蜀锦就久负盛名。蜀地所产的漆器和金银器也十分精致，不仅畅销大江南北，还经南方"丝绸之路"远销到了印度和地中海各国。都江堰的建成畅通了从成都出川的水路，使得西南乃至更广阔地域的资源聚集到了蜀国。从现代发掘的汉砖上，我们可以看到当时成都的繁华盛景，引入成都的两条岷江水流——府河、南河上，来往穿梭着全国各地的船只，沟通了长江上下游万里黄金商道。

从都江堰建成开始，秦朝到西汉时期，蜀地经济空前繁荣，人们丰衣足食，盆地之内犹如天之府库，物资取之不竭，用之不尽，被世人誉为"天府之国"，以至于后世的历代王朝都把成都平原视为重要的战略和粮食基地。

遗产知多少？

开创中国古代水情测量的先例

石人石马：最早的水位标尺

李冰在宝瓶口附近的江中立三尊石人雕像，分别标注"足""腰""肩"三个水位线。

足部（低水位）：保证灌溉用水的最低需求
腰部（正常水位）：日常航运和农业产生的理想水位
肩部（高水位）：洪水预警线，提示需要泄洪

卧铁：藏在江底的"秘密尺"

在凤栖窝处的江底埋有四根铁柱（从明代至今），用于标记清淤深度。每年冬季"岁修"时，若挖到卧铁，说明河道深度达标；同时控制来年宝瓶口的进水量（太浅会缺水，太深会导致洪涝）。

都江堰的测量智慧启示我们：最好的"仪器"不一定很复杂，读懂自然规律，用最简单的工具实现最持久的精准度——这正是中华文明"道法自然"的生动体现。

遗产知多少？

都江堰工程中的科学智慧

鱼嘴分水堤：弯道水流分层现象。在岷江弯道处，上层清水自动流向凹岸（内江），底层泥沙水冲向凸岸（外江）。

飞沙堰：离心力排沙。内江水流急转弯时，泥沙像旋转的雨伞上的雨滴一样被离心力甩到飞沙堰，排入外江。

宝瓶口：限流控速。狭窄的宝瓶口（宽20米）像"水管阀门"，控制进入成都平原的水量。

宝瓶口风光

都江堰就像一个2300多年前的物理实验室，用最简单的材料（竹笼、卵石、火把）验证了流体力学、热力学等核心原理。这些知识不仅帮助古人创造了"天府之国"，更告诉我们：科学不在复杂的公式里，而是在观察自然、利用规律的实践中。

遗产知多少？

举世闻名的"三遗"之城

都江堰鱼嘴

都江堰被称为"三遗"之城，是因为它同时拥有三项世界级遗产称号，涵盖文化遗产、自然遗产和水利工程遗产。

世界文化遗产：青城山—都江堰

都江堰水利工程：由战国时期李冰父子主持修建，是现存历史最悠久、至今仍在使用的无坝引水工程。

青城山：道教发源地之一，以"青城天下幽"闻名，保留了大量道教宫观和文化遗产，体现了道教"天人合一"的理念。

世界自然遗产：四川大熊猫栖息地

都江堰市所在的岷山山脉是"四川大熊猫栖息地"核心区域之一，拥有丰富的生物多样性，是全球最大、最完整的大熊猫自然栖息地。这里不仅是国宝大熊猫的乐园，还生活着小熊猫、金丝猴等珍稀物种，生态价值举世瞩目。

世界灌溉工程遗产：都江堰

国际灌溉排水委员会将都江堰列入"世界灌溉工程遗产名录"，表彰其2300多年来对农业灌溉、防洪抗旱的持续贡献。都江堰至今灌溉成都平原超千万亩农田，是古代工程技术与可持续发展理念结合的典范。

建筑瑰宝与古城文化

六百年紫禁城,巍峨殿堂镌刻帝王气象;
咫尺乾坤的苏州园林,叠石理水勾勒文人诗意;
雪山脚下的丽江古城,茶马古道回荡纳西遗韵。

故宫
九重宫阙的建筑宇宙

故宫是中国乃至世界上最宏伟的宫殿建筑之一。它是 15 世纪到 20 世纪初，中国 500 年间政治权力的中心。

这些红墙黄瓦、深宅大院，就像一本厚重的书，记录了中国 2000 多年封建社会最后的辉煌与没落。

故宫，是昨日中国曾经华丽的交响乐，今天中国历史文化的象征。

永乐帝营造紫禁城

1406年6月，明朝的永乐皇帝正式"诏建北京宫殿"。他任命泰宁侯陈珪为修建总指挥，大批官员被派遣到全国各地采办木材等建筑材料。朱棣要用整个帝国的财力物力，建造一个人间奇迹般存在的都城。

在长达十几年的时间里，北京逐渐变成了大明王朝疆域内最热闹、最庞大的建筑工地。朱棣建造的宫殿就是今天的故宫，也叫紫禁城，是中国封建社会中历朝皇宫的沿袭和集大成者。

紫禁城东西宽750米，南北长960米，占地72万平方米，建筑面积15万平方米，传说共有房间9999间半。但是，历经几百年的风风雨雨、天灾人祸后，1973年，经专家核实，故宫还剩下大小房屋8704间。中国古人认为"九"是数字中最大的，而皇帝则是人中之王，所以，故宫的建筑几乎都和"九"或"九"的倍数有关。像大门上的九排九路门钉，房檐上的九个走兽。就连城墙四角的四座角楼，也都是九梁十八柱七十二条脊。同时，"九"与"久"谐音，暗含江山天长地久、永续不变的寓意。

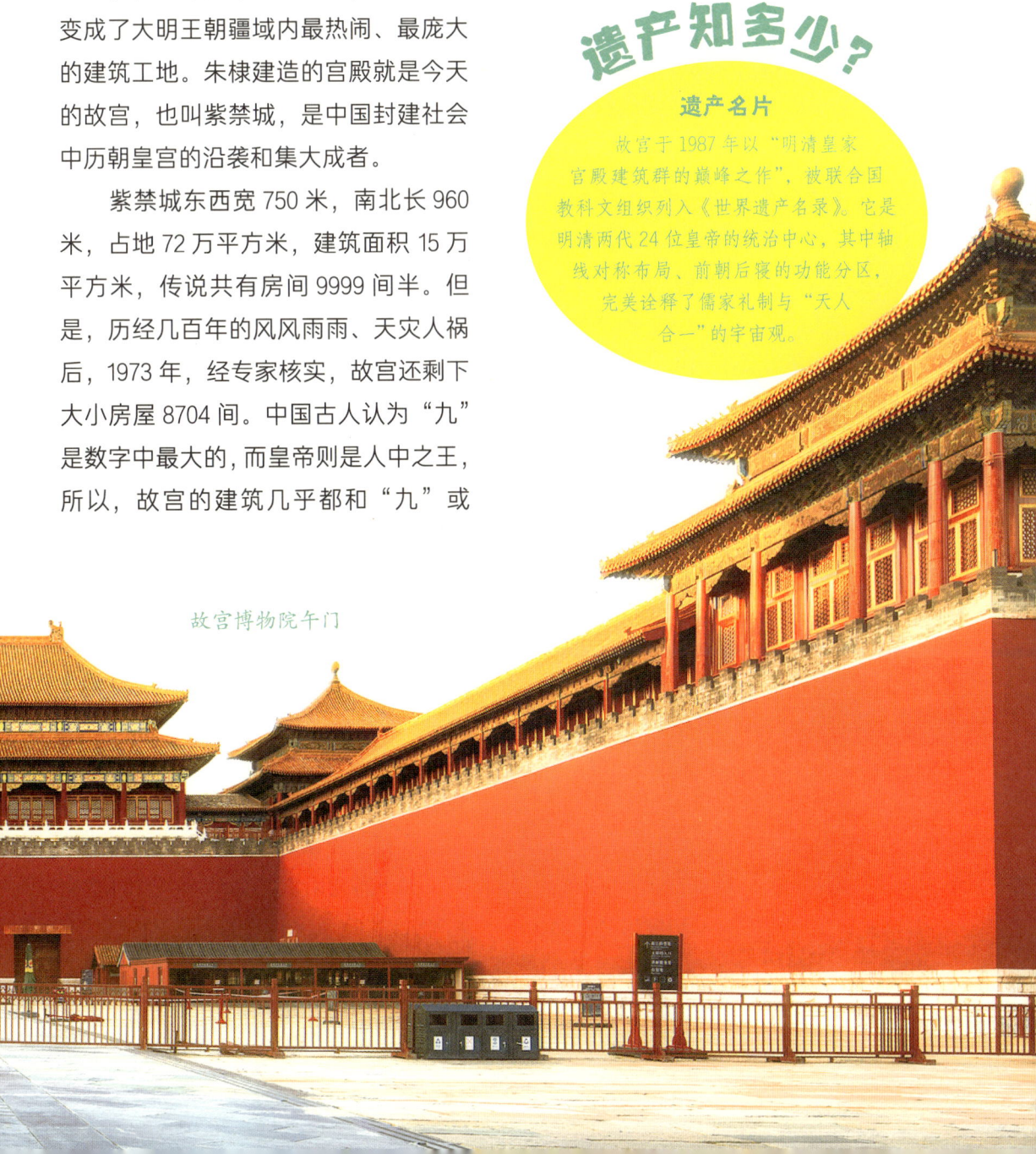

遗产知多少？

遗产名片

故宫于1987年以"明清皇家宫殿建筑群的巅峰之作"，被联合国教科文组织列入《世界遗产名录》。它是明清两代24位皇帝的统治中心，其中轴线对称布局、前朝后寝的功能分区，完美诠释了儒家礼制与"天人合一"的宇宙观。

故宫博物院午门

前朝后寝，家国一体

午门是故宫的正门，也是紫禁城最大的门，每逢重大典礼以及重要节日，都会在这里陈设体现皇帝威严的仪仗。

穿过午门，紫禁城的真容就出现在我们眼前。

紫禁城南北分为外朝和内廷两大部分，它们以乾清门广场为界，以北是外朝，又叫前朝，以南是内廷，又叫后宫。

前朝是举行重大典礼的地方，由太和殿、中和殿、保和殿构成一条南北纵贯的建筑群。

太和殿俗称"金銮殿"，是紫禁城内规模最大、最高的殿宇。它的建筑面积达2381平方米。宫殿的长宽比例也被精心设计成9：5，代表着帝王乃九五之尊，拥有至高无上的权力和地位。明清两朝的重要典礼，如皇帝登极、大婚、册封、命将、出征等都在这里举行。然而这个紫禁城的核心宫殿里却没有过多的装饰，皇帝的宝座是唯一的主角。目光所及之处，皇权的威严辐射到每一个角落。

位于太和殿后面的中和殿，是皇帝休息的地方。在太和殿举行典礼前，皇帝都会先到中和殿歇歇脚，接受官员的跪拜。

每年除夕，皇帝都会在前朝最北面的保和殿宴请外藩、王公及重要大臣。后来，这里也成为科举制度中最高级别的考试——殿试的考场。殿试与其他考试最大的区别，就在于考场的监考官由皇帝本人亲自担任。考生以工整的楷书完成皇帝亲自拟定的考题。按照当时的规定，考生必须在太阳落山前交卷。

跨过乾清门就进入了后宫，这里就是皇帝的家。

乾清宫在清代康熙帝以前，是皇帝的寝宫和日常活动的地方。自雍正皇帝移住养心殿后，这里成为处理日常政务和举行筵宴的重要场所。殿中有一块"正大光明"匾，后面放着一个被称作"建储匣"的小木匣，皇帝通常会把自己选中的皇子写下来，锁进木匣。这个皇子就是日后继承大统的接班人。

坤宁宫原是明朝皇后的寝宫。公元1665年，清朝的顺治皇帝将这个宫殿改作萨满祭祀的主要场所。西大炕祭祀供朝祭神位，北炕供夕祭神位，东北角的大锅，是为祭祀煮肉用的。坤宁宫东暖阁是皇帝大婚时的洞房。康熙皇帝时，规定皇后住在坤宁宫，因为坤宁宫地处东西六宫之间，皇后又有"统摄"六宫之责，所以，皇后号称"位居中宫"。当朝皇帝的嫔妃，则住在后三宫两旁的宫殿里，这些宫殿就是东西六宫。

处于乾清宫、坤宁宫之间的宫殿是交泰殿。清朝皇帝使用的25方宝玺曾收藏于此。乾隆皇帝根据《周易大衍》天数二十有五所定，将宝玺的数目设为25枚。他就是借《周易》所记，祈求上苍，保佑大清的江山能延续25代。

故宫不仅是一组完整的建筑群，

中和殿内景

更是中国封建大一统王朝"家国一体"理念的物化表达，有意无意之间，永乐皇帝将紫禁城建成了帝国的微缩模型，这个模型体现的是2000多年来中央帝国理想的政治体系模式。此后，历经500年的陆续修建，使得紫禁城成为中国建筑的最高典范，世界上规模最大的宫殿建筑群，民族文化的重要载体和历史缩影。

从故宫建成之日起，500年间，这个世界上最大的院子，一直是中国的权力中心。每天天还没有放亮，承天门下的金水桥上，就陆陆续续开始有官员进入。事实上，住得远的官员在半夜时分已经起床，因为在3点之前他们必须等候在午门，准备觐见皇帝。这就是每天帝国政治枢纽运作的开始——上朝，皇帝在这里召见大臣，处理政事。

明朝时期，自有一套完善的政务流程：全国大大小小的奏章，甚至老百姓给皇帝提出的建议，都由通政使司汇总，司礼监呈报皇帝过目，再交到内阁，内阁负责草拟处理意见，再由司礼监把意见呈报给皇上批准，最后由六科校对下发。国家最高行政命令从紫禁城发出，通过全国1936处驿站，全长143700千米的驿道，层层下发到帝国每一个角落。

清朝的中央政府机构设置和政务处理程序则有所不同。雍正七年，即公元1729年，军机处成立。从此，清朝入关前的议政王大臣会议制度正式被军机处代替。乾清门广场西北，有一排不起眼的小平房，这里就是当年的军机处值房。

军机处值房距离皇帝平时处理日常政务的养心殿只有50米的距离，平日，皇帝在养心殿阅览官员呈报的奏折，军机大臣聆听皇帝口述上谕，回到军机处拟订上谕，然后再赴养心殿交由皇帝定夺。上谕经皇帝首肯之后，就成为正式的诏书由军机处下发。

故宫瓷中乾坤

早自乾隆皇帝开始，皇家的珍宝都珍藏在建福宫。嘉庆皇帝即位后，为表示自己的孝心，特意将乾隆用过的东西全都封存起来，存放在建福宫，这一放就是一百多年。直到溥仪下令打开这些箱子之前，从来没有人敢擅自启封。

下图这只其貌不扬的杯子名青花缠枝莲纹压手杯，它的历史恰好和这座宫殿一样长。杯子底部"永乐年制"的字样，奠定了明清两朝官窑瓷器的一个规矩，就是所有的瓷器都要用皇帝的年号来题写款识。

其杯体幽靓又夹杂着铁锈斑的青花颜色，来自一种叫作苏麻离青的钴料，它是由郑和下西洋的船队从遥远的阿拉伯带回来的，因此无比珍贵。永乐皇帝在建造了紫禁城的同时，没有忘记给这座宫殿增添新的珍宝。永乐青花，成为中国瓷器制造史上最珍贵的品种之一。

所有这些瓷器的烧造，都来自一个叫景德镇的地方。从元代开始，这里就烧出了最早的成熟青花。明清两代，中

定窑孩儿枕

转颈瓶

青花缠枝莲纹压手杯

国的瓷器开始变得五彩缤纷。

景德镇御窑厂熊熊的窑火,燃烧了500多年。在这500多年中,无数精美绝伦的瓷器,源源不断地运送到紫禁城中来。

清朝乾隆时期,中国的瓷器制造业发展到了巅峰,下图这个硕大的瓶子可以说代表了当时最好的烧造技术。它因为汇集了15种釉彩,16道纹饰,12幅彩绘吉祥图案,被称为"瓷母"。

在如今的故宫中,收藏有35万件瓷器,其中很大一部分都是明清两代的官窑烧造的。

除了当代烧制的瓷器精品,宫廷也会收藏前代的瓷器,最有名的就是宋代的五大名窑:钧窑、汝窑、哥窑、官窑和定窑。

钧窑这种独一无二的、迷幻般的色彩,是在高温中的窑炉里面自然流淌形成的,被称为"窑变"。因为色彩的不同,它们被冠以天青、玫瑰紫等绚丽的名称,其中以红色最为珍贵。

汝窑淡青色的外表是它高贵身份的独特标志。这种淡雅的色彩和洗练的造型,代表了另一个瓷器高峰时代的美学追求,清雅而不失华美,简约而不失厚重。宋代五大名瓷中,它的传世数量最少,全世界不足百件。其中20件在北京故宫。

哥窑表面上的细碎纹理有一个好听的名字——百圾碎。陶瓷研究者把它叫作"开片"。这是由于瓷器出窑的时候迅速冷却,胎和釉遇冷收缩的系数不同造成的客观效果。这种自然形成的开片体现了哥窑特殊的装饰意韵。

官窑,这种粉青釉色、造型典雅古朴的瓷器,据说是用玛瑙制造的釉料烧造的,因此釉面有玉石般的温润光泽。

定窑因为瓷器烧造在河北定州而得名。精致的定窑瓷器有着美玉般的纯白色泽。

故宫釉彩大瓶

独具皇家气派的家具

摆在太和殿里的紫檀宝座堪称"中华第一椅"。皇帝平时就坐在这把椅子上处理国家大事。从皇帝坐的龙椅到批阅奏折的条案；从雕龙画凤的卧榻到垫脚的足凳，各种桌、椅、箱、柜、斗、橱等，这些用料考究、制作精美的皇室专用家具，处处都体现出皇家的气派和精致。

明代的家具比较注重外部轮廓线条的变化，通过平面、凹面、凸面、阳线、阴线之间不同比例的搭配组合，形成千姿百态的几何图形，具有很强的装饰效果。

清代家具则体现了满汉文化的交流、融合，比较注重形式，追求奇巧，崇尚华丽，装饰手法更多地使用雕刻、镶嵌和描绘，吉祥图案是清式家具最喜欢的装饰题材。

故宫的9000多间房屋里，究竟有多少家具？恐怕谁也说不清楚。今天故宫博物院收藏的明清家具还有上万件，它们除了由内务府制作外，来自广州、苏州和山西等地的匠人，在为宫廷打制家具时，也带来了各地不同的风格和技艺。

太和殿龙椅

玉雕表帝王心迹

大禹治水玉雕重达5000公斤，在故宫珍藏的3万多件玉器中，体积最大，分量最重，堪称镇宫之宝。人们冠以它"玉王"的美誉。在这件硕大无比的玉雕作品背后，有着怎样的故事呢？

中国新疆境内有一座海拔近5000米、终年积雪的弥勒塔山，盛产一种当地称之为"和田玉"的美玉。每年的七、八、九3个月，利用短暂的融雪季节，采玉工开始进山采料。

和田玉质白剔透，晶莹温润。每年积雪融化，溪流将小块的玉石带入河床，经过千百年的冲刷、碰撞，它们被打磨成鹅卵石的样子，成为和田玉中的极品——仔玉。

公元1760年后的一个夏天，采玉工在弥勒塔山上发现了一块重达5000多公斤的玉石料。在当时交通工具落后，道路狭窄崎岖的条件下，怎么才能把这块像小山一样的石头运往万里之外的北京呢？工匠们终于想出了冬季出行，在路面泼水，变土路为冰道，有效减少车轮摩擦力的办法。玉石被装在一种轴长11米至12米的特大型木车上，前面用一百多匹马拉，后面有上千名工人推，平均每天的行程不足10千米。动用了上万民工、成千的骡马，经过三年多的时间，装载着玉石料的大木车跨越千山万水，终于来到了紫禁城。

见到如此巨大的和田玉，乾隆皇帝龙颜大悦，他亲自从宫中收藏的宋人山水画中选择了一幅《大禹治水图》，以此为蓝本，命令内务府造办处照图设计。画好样稿之后，乾隆皇帝又决定将物料运往扬州，因为那里有天下最好的玉工匠。

最后，历经十年，耗费数十万人工，花费上万银两的大玉山，终于静静地安放在了乐寿堂中。乾隆皇帝高兴之余，提起笔来，在上面写下了自己选择大禹治水作为玉雕主题的初衷。他说："之所以选用大禹治水的故事，就是要缅怀为民众不辞辛苦的古代圣王。"

五百年日沉月浮，风云变幻。数不清的帝王将相、文人墨客、能工巧匠都以紫禁城为舞台，展示着自己别样的风采。如今，该结束的都结束了，只有这厚重的红墙，巍峨的宫殿和坑洼不平的地砖，默默地守候着昨日的风光与荣耀。

《大禹治水图》玉山

太和殿

遗产知多少？

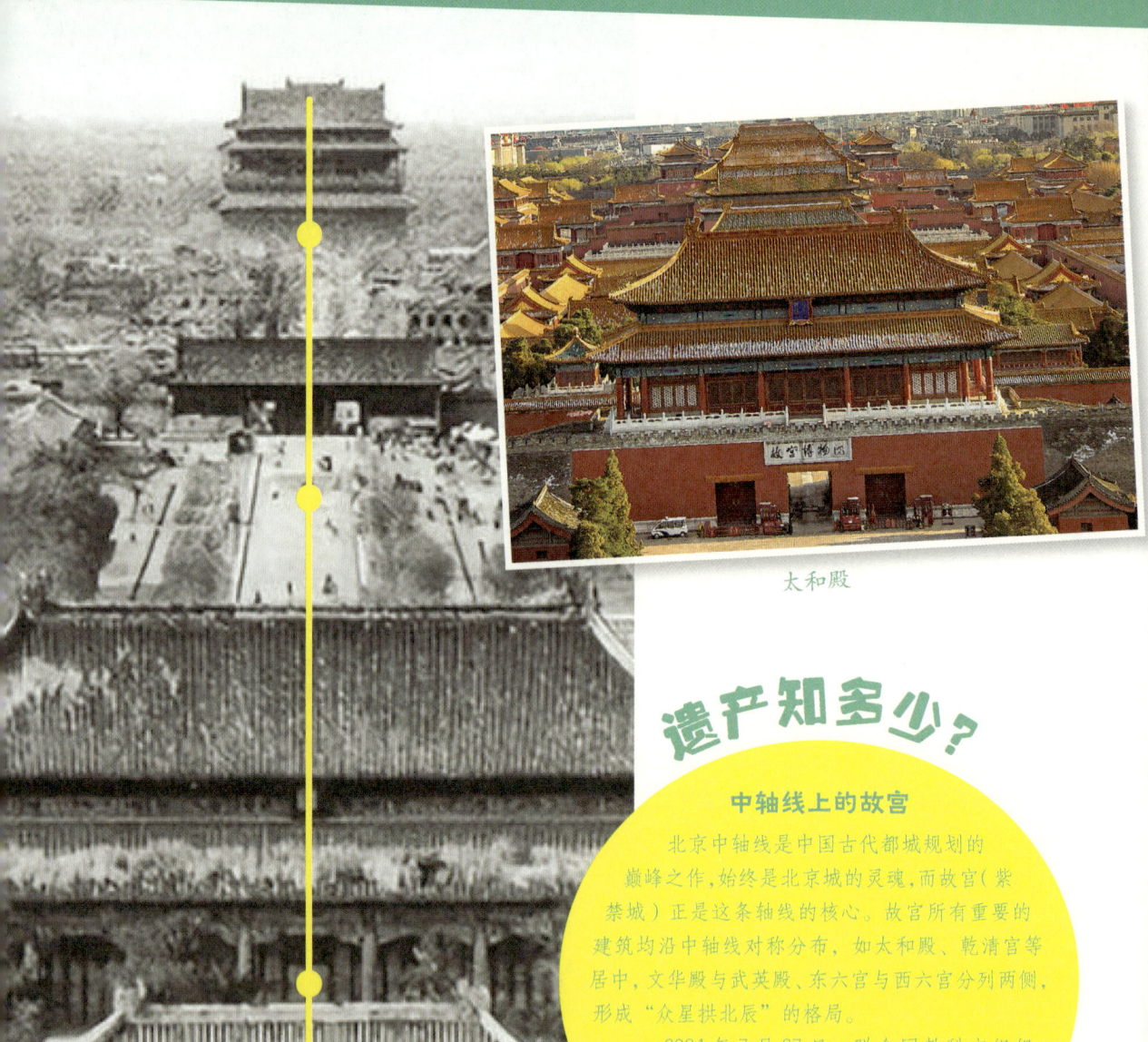

中轴线上的故宫

北京中轴线是中国古代都城规划的巅峰之作，始终是北京城的灵魂，而故宫（紫禁城）正是这条轴线的核心。故宫所有重要的建筑均沿中轴线对称分布，如太和殿、乾清宫等居中，文华殿与武英殿、东六宫与西六宫分列两侧，形成"众星拱北辰"的格局。

2024年7月27日，联合国教科文组织第46届世界遗产大会通过决议，将"北京中轴线——中国理想都城秩序的杰作"列入《世界遗产名录》。

中轴线的构成

永定门（起点，南端城门）
前门大街（商业轴）
天安门广场（政治轴，含人民英雄纪念碑、毛主席纪念堂）
故宫（核心建筑群，外朝三大殿、内廷后三宫）
景山（制高点，曾为元明清三代的皇家园林）
钟鼓楼（终点，古代报时中心）

遗产知多少？

故宫屋顶上的神兽

在中国古建术语中，常常有"五脊六兽"的说法。"五脊六兽"是中国官式建筑屋顶装饰性构件，其中"五脊"指的是一条正脊及四条垂脊。而"六兽"指的是正脊两端的鸱吻（也称吞兽）与四条垂脊排列着的五个蹲兽。故宫屋顶的檐角上，排列着一队由仙人骑凤引领的小兽，统称为"脊兽"。它们每一只都承载着独特的象征意义。

名　称	象征意义
龙	皇权化身，司掌云雨，护佑风调雨顺。
凤	百鸟之王，象征皇后懿德，预示天下太平。
狮　子	护法神兽，震慑邪祟，彰显皇家威严。
天　马	日行万里，通天达地，喻帝王威加四海。
海　马	入海潜渊，护佑江河安澜。
狻　猊	龙子之一，喜静好烟火，护佑香火永续。
狎　鱼	海中异兽，可兴云作雨，防火防灾。
獬　豸	司法神兽，善辨忠奸，象征帝王明察秋毫。
斗　牛	镇水祥兽，平息水患，保宫廷安宁。
行　什	雷神化身，手持金刚杵，专用于太和殿，防雷击、护皇权。

苏州古典园林

咫尺皆山水

在这个地方,中国古代的文人们,以优雅的情趣、超凡脱俗的美感,建造起一座座园林。他们在繁华的闹市里,营造了一片属于自我的寂静山林。平日里,绘制着一卷卷水墨风光,吟唱出一首首优美诗篇。所有的中国人都认为这里就是人间天堂,而这些天堂中的一座座园林,就是每个人梦想中的精神家园。

沧浪亭

曲径通幽沧浪亭

苏州是一座具有 2500 余年建城历史的古城。古城中的私家园林，最早兴起于公元二三世纪，经过千余年的发展，在 16 至 18 世纪，建造的园林达到 500 余座，进入了鼎盛时期，并形成了独具特色的建园风格。

沧浪亭，始建于公元 10 世纪，即中国的五代时期，是现在苏州城中最为古老的一座古典园林。

沧浪亭有一道长廊，又称为复廊，一侧临水，可欣赏园外的风光。另一侧在园中依假山环绕，连接起了整个园林。

复廊以花墙为间隔，漏窗点缀其中。其形态随着地势而起伏绵延，是中国园林长廊的经典之作。

园内以一座土石结合的假山为主，主峰高处，就是沧浪亭。园林也因此而得名。

沧浪亭有百余个漏窗，散布全园。构思独特，制作精巧，式样无一雷同，是古典园林中漏窗艺术的典范。

园林中，规模不大的竹林随处可见，典雅的建筑，错落分布。

庭院间的石子小路，弯曲穿行。一汪绿水深潭中，有锦鲤出没。沧浪亭，900 余年来，诠释着苏州古典园林的幽静之美。

遥想当年，远方好友携带着礼品，兴冲冲乘船而来，登上沧浪亭，与朋友对弈。时光在山石、古树间流逝。在园林之中，中国的文人们，品味着人生什么为进退，千古如何算输赢的境界与滋味。

遗产知多少？

遗产名片

苏州古典园林于 1997 年 12 月被联合国教科文组织列入《世界遗产名录》，首批包括拙政园、留园、网师园和环秀山庄；2000 年 11 月又扩展增补沧浪亭、狮子林、艺圃、耦园、退思园，共 9 座园林纳入世界文化遗产。这一认证标志着苏州园林作为东方造园艺术的巅峰，以"咫尺之内再造乾坤"的哲学智慧，成为全人类共同守护的文化典范。

园中小路

天然图画拙政园

拙政园，始建于公元15世纪初，现占地78亩，是现存的苏州古典园林中面积最大的一座。东部，呈现的是一派田园风光，个别的建筑点缀在河岸、树丛之中。溪流在假山的脚下穿行，构建出一个充满山林野趣的空间。

中部，是拙政园的精华所在，占地18亩，池水面积过半，各式建筑傍水安置，造型古朴典雅。假山四周池水环绕，山头高低错落，如湖中的岛屿。整个空间充满了自然的风韵，气氛宁静而又深远，显示出中国明代的造园格局。

石舫，在水面之上构筑而成的船形建筑，是中国古代一种独特的建筑样式。拙政园里有座石舫叫作"香洲"。

园林的主人，当年曾乘风破浪、万里行游，而今退隐于园林之中，这座静止的香洲，也便成为一种豪情的象征。

在香洲的平台之上，安置好一把古琴，烟雾缥缈，抚一曲高山流水，是回忆，更是寄托和慰藉。这种旋律曾长久地在一片片精致的人造山水间回响，最终成为苏州古典园林的绝唱。

小飞虹，拙政园中唯一的廊桥，将一片水面隔开，营造出幽深的感觉。

见山楼，三面临水，有两个曲桥连接南北，是当年主人与朋友们吟诗作赋的场所。大空间中，还有一些被分割、隐藏起来的小院落。园中有园，这是苏州造园艺术的典型手法之一。

穿过一道形如满月的圆形石门，便是拙政园的西花园——一个赏心悦目的精巧空间。而将中西部分割开来的一条波形水廊，曲折建构，一波三折，无论从哪个角度看去，都呈现出曲折所带来的各种美感，是中国长廊建筑的杰出之作。

拙政园的建造，典型地代表了苏州古典园林的普遍历史。

公元1509年，明王朝的一位高官王献臣因官场失意，回归故里，以一座

拙政园

寺庙的旧址为基础，开始兴建拙政园，并邀请了当时江南最著名的画家文徵明参与设计。

　　文徵明，以一个画家的审美情趣，用传统的笔墨勾勒出了整个园林的总体布局。在他的主持下，历时十年，拙政园终于建造完成，形成了以水为主、疏朗平淡、近乎自然的园林风格，强烈地表现出中国文人山水画中所追求的审美意境。自此，以真实的自然山水为蓝本，融入中国画的艺术再现手法，成了苏州古典园林整体布局的一大宗旨。

遗产知多少？

拙政园名字的由来

"拙政"二字源自西晋文学家潘安的《闲居赋》。原文中"灌园鬻蔬，以供朝夕之膳……此亦拙者之为政也"，意为"笨拙之人唯有以浇园种菜作为政事"，暗含归隐田园、远离官场纷争的文人志趣。

王献臣在建造拙政园时，受到了这句话的启发，因此将园名定为"拙政园"，寓意着以"拙事"为政，畅意生活。

石　舫

小飞虹

微型景观留园

从明代开始,许多画家参与了园林的建造,成为造园艺术的总设计师。他们依据绘画的理论和技法,将中国山水画的原理,直接运用于造园之中,强调空间布局的意境之美,在方寸之地,创造出一个个精致的空间,让人流连忘返,感受到意犹未尽的审美体验,而留园就是其中之一。

留园,占地30亩,是最精致的苏州古典园林。它现在的风貌,代表了18世纪中国清朝时期的园林风格。走入其中,在经过一段弯曲迂回的通道之后,园中的景色才次第展开。

中部地带以水池为中心。

西侧假山高耸,树木高大,山势一直蜿蜒至北部,上筑是可以俯瞰全园的"闻木樨香轩"。南侧是主体建筑明瑟楼,明瓦合窗,古色古香。翘角飞檐,古朴典雅。东侧的主体建筑曲溪楼,轻盈挺秀,两侧树木茂盛。中间还有人工堆成的小岛,号称"小蓬莱",将水面分割成大小两湖。方寸之间,景观高低错落,参差不齐,形成变化多端的视觉空间。

在假山脚下,两侧堆砌的山石,夹着徐徐流入的湖水,如同高山峡谷。相传,是当时一位著名画家亲自堆叠而成的。

园中各式漏窗,光影迷离。

全园的长廊达700余米,沿墙曲折蜿蜒,高低起伏。和墙之间,留出一点点弯曲的空间,栽种些植物,放置点湖石,便形成了一个个微型的园林景观,气息生动,充满趣味。这也是苏州古典园林中,长廊建造的典型手法。

五峰仙馆,留园最大的厅堂,左右两厢建筑各异,形成了一个四合院落。

冠云峰,高达6.5米,是苏州古典园林中最高大的单体太湖石。旁边配以两座湖石、三座石峰,充满了自然造化的奇特美感,形成一处绝佳的景观。

登上明瑟楼的顶层,可以遥想园林的主人曾在此作画的情景。宣纸、笔墨、清风、美景,这是中国文人感悟生命的美妙时刻。

留 园

冠云峰

壶中天地网师园

网师园，占地八亩多。建筑虽多，却不见拥塞；山池虽小，却不觉局促，是苏州古典园林中"以小见大"的典范。

起伏的长廊在院落之间绵延、穿行。一座小小的石桥，引出一片明净的池水。一座轩堂，掩映在假山、树丛之中。轩内玻璃花格，四面明窗。一座小亭居于水廊的高处。旁边的水阁精致、灵巧。池水明净，倒映着天光山色、亭阁花木。

园林的主人，安坐于明亮的厅堂之间，远离尘世的喧嚣，在自我的天地中，用艺术的汉字，书写着心中对生活的种种体味。

网师园内有一座规模宏大的假山，占地半亩多。绝壁、山洞、峡谷、危崖，模仿着自然的山体变化，移步换形，变化万端，整个造型如同真山一般，惟妙惟肖。

山间峡谷长达 10 余米，山峰 7 米多高，山中小道六七十米。这座体积庞大的假山，三面溪水环绕，建造于公元 18 世纪，坐落于环秀山庄之中，占据了这座园林一半的面积。它体现了假山的构建技艺，显示出永恒的艺术美感，堪称湖石假山的中国之最。

远离山林，却向往着山林。200 余年的岁月中，不同的人家先先后后成为这座园林的主人。平常的日子里，他们会在山石间徘徊，品味园林构建的艺术美感，会和好友在洞室中畅饮，谈论古往今来的佳话。此情此景，就是中国古代文人们，享受生命的一个经典时刻。

网师园

吾爱亭

隐逸空间耦园

耦园，三面临水。园中景色尽藏于高墙之中。园内有座黄石假山，是苏州园林中的又一个杰作。它，四周环水，体积恰当，高低自然错落。和周围的建筑和谐相融，成为一个优美的景区。

吾爱亭，一个温馨的名称，临水而建，和曲线优美的长廊相连，秀丽动人。

山水间，一座水阁，四角高翘，典雅方正。静坐于内，满眼湖光山色。

130多年前，一对夫妻曾在这里隐居。他们躲避着高墙之外的世俗社会，劳作于花园之间，享受着平静生活所带来的淡然与安逸。

因为思念家乡，女主人便在园林靠近河道的角落中，建成一座高楼，这就是"听橹楼"。它与旁边男主人的书房"魁星阁"，两两相对，内部相通。在苏州古典园林中，这几乎是唯一一处显示出男女平等意味的建筑。每当园外的橹声传来，园内的女主人又是一种什么样的心情？人，可以不在家乡生活，但对家乡的记忆与思念，则会伴随一生。

城中山林狮子林

狮子林，是苏州现存的唯一一座始建于公元14世纪的中国元代的园林。它是由一位禅师为纪念他的恩师而建造的。

园内假山众多，各种造型奇特的太湖石遍布其上，形状怪异。因为佛经中，如来说法被比喻为"狮子吼"，故而这座由佛门子弟建造的古典园林，便有了"狮子林"这样一个名称。

在苏州古典园林中，叠石为山，是模仿自然的主要手法之一，但像狮子林这样，以假山为主来点缀园林，几乎是一个特例，因而又有着"假山王国"之称。

狮子林将山川的壮丽融入苏州古典园林特有的秀美之中，独树一帜。和其他园林一样，狮子林深居于闹市。从这个角度看，便可以明白苏州的古典园林，为何又被称为"城市山林"。

优雅精致的生存智慧，温文内敛的精神气质，创造了诗一般的梦幻境界，这就是苏州古典园林，中国文人始终追求和向往的人生归宿。

狮子林

遗产知多少？

咫尺之内再造乾坤

苏州园林是中国古典园林的杰出代表，其造景方式融合了自然与人文的巧妙构思，体现了"咫尺之内再造乾坤"的意境。

借景（远借、邻借、仰借、俯借）

远借：将园林外的自然或人文景观纳入视野，如拙政园借北寺塔之景。

邻借：利用相邻园内的景观，如漏窗透出隔壁的竹林。

仰借／俯借：通过高差设计（如假山、楼阁）借天空或水面的倒影。

障景

用假山、屏风、墙垣等遮挡视线，避免一览无余，营造"先抑后扬"的层次感。例如留园入口的曲廊与假山。

对景

在园林轴线或视线焦点处设置对应景观，如亭台与水池相对，形成视觉上的呼应。拙政园的"远香堂"与"雪香云蔚亭"即为经典对景。

分景与隔景

隔景：用墙、廊、植物等分隔空间，形成"园中有园"的效果（如拙政园中的枇杷园）。

分景：通过水体、桥梁、花木划分区域，增加景深与变化。

框景

利用门窗、洞门、廊柱等作为"画框"，截取局部景色形成如画的构图。例如狮子林的"琴棋书画"漏窗。

漏景

通过花窗、镂空隔断等半遮半掩地透出后方景色，营造出朦胧的意境。沧浪亭的复廊漏窗是典型代表。

理水

以曲折自然的水体为中心布局，池岸多用叠石营造自然形态，辅以小桥、汀步。如网师园的"月到风来亭"临水而建。

叠山

以太湖石堆砌假山，模仿自然山峦的形态与气势。留园的"冠云峰"、环秀山庄的湖石假山均为典范。

丽江古城

银河铺洒的土地

> 很长一段时间人们认为，史册中所记载的古代音乐早已失传。而今天，那些千百年前的古老乐曲，却被一个民族——纳西族传承了下来。
>
> 东巴文字是一种原始的图形文字，至今，它仍在被认读、书写和运用。它是当今世界上唯一保留完整并且活着的象形文字。
>
> 在这些文字中，记录了一个民族的历史和文化。
>
> 泸沽湖是一处纯净的高原湖泊。居住在这里的摩梭人延续走婚习俗，这已经成为人类发展进程中，母系社会最后的遗存。
>
> 古乐、古文字、古老的民族汇聚在雪山脚下，建起了一座属于自己的城市——丽江。

雪水为脉，青石为骨

丽江古城，地处中国西南部的云南省，坐落于南北走向的横断山脉与云南中部高原的交界处。

玉龙雪山，群山南北纵列，山顶终年积雪。最高峰扇子陡，海拔5596米，它是北半球海拔最低的雪山。

大约在公元3世纪，居住在青藏高原的部分羌族人，为躲避战乱，来到这里。雪山融化的冰水，挽留住了他们继续南下的脚步。就在玉龙雪山的脚下，人们傍水而居。在经历了几百年的发展、融合之后，终于形成了一个新的民族——纳西族。

玉龙雪山融化的泉水，在丽江古城的北部，汇集成潭，形成了这个近四万平方米的自然湖泊。水质清澈如玉，终年不会枯竭，最终流入古城。

雪山融化的泉水，进入古城后，分出无数支流，如经络般绕街穿巷，入墙过屋。300多座形态各异的石桥、木桥，连接起了街道与房屋。丽江，拥有着世界上最古老的城市供水系统，这一系统依山就势、纵横交错。

丽江，这座高原之上的古城，呈现出了一派"家家淌清泉、户户垂青柳"的水乡景观。

丽江古城夜景

蓝月谷

万物有灵的自然观

水流，带动起磨盘不停地旋转；水磨，一种古老的自动化装置，将粮食均匀地倒进磨眼，完全依赖水流的力量，完成粮食的加工。

在古城每条河系中，都有公共使用的泉水。

三个由高到低的水塘，共同组成一组池塘，被称为"三眼井"。

流动的泉水，从略高一点的头塘流过二塘、三塘。头塘为饮用水，二塘水专门清洗食物，三塘水则用来洗衣服和其他脏物。

每天上午9点以前，不会有人在塘水中清洗脏物。纳西人爱惜地使用着雪山泉水，共同遵守着这一约定。

水，作为自然的赐予，在千百年前就被一位叫丁巴什罗的纳西人看作是自己的兄弟。

白水台，处于丽江古城北部的山林中，是一处碳酸氢钙沉淀而成的地质奇观。它终日变幻着莫测的玄光，如同天堂中的梯田。纳西人把这里称为"白地神川"，他们虔诚地相信先祖就是从这里开始，创造了纳西民族的文化。

纳西人相信万物充满了灵气，天是父亲，地是母亲，树是舅舅，山林河泽、鸟兽鱼虫，甚至空气都是自己同父异母的兄弟。

三房一照壁的古建风格

丽江古城，总体面积只有3.8平方千米。整个古城，沿着周围的山丘，顺势而建，房屋层叠起伏，错落有致；街道蜿蜒曲折，纵横交错。

古城由无数个民居院落组成，多为明清时期所建，吸收了汉族人的建筑风格。

三房一照壁，即长者居住在一列主房中；子女们居住在左右两侧的厢房；主房对面是一个白色为底的巨大照壁，一般会题写上主人喜欢的诗词歌赋。

正房和对面的下房，左右相对的两处厢房，共同围成一个封闭的四合院，院子中间是一个露天的大天井，房屋连接处的四个角落，分别还有四个小天井。

正房中间是堂屋，有六扇格子门窗，纳西人称之为"六扇门"。木刻的门窗装饰，雕工精湛，图案充满了吉祥的寓意。

丽江古城的每一处民居建筑，都玲珑精巧，生动惬意，充满了人文气息，较多地保留了公元10世纪前后中原建筑的古朴风格。

遗产知多少？

遗产名片

丽江古城于1997年被联合国教科文组织列入《世界遗产名录》。丽江古城以其保存完好的历史建筑群、独特的纳西族文化、依山傍水的城市规划布局，以及融合汉、藏、白等民族文化的多元特色，成为世界文化遗产的杰出代表。

丽江古城

东巴文字

活化石——东巴文字

纳西人有自己的文字,最先掌握文字的是东巴。东巴,在纳西语中的意思是"智者"。

东巴不但负责祭祀,而且是纳西民族文化的主要传承人。他们所戴的法帽,叫作"五神冠",绘有五位自然界的天神。手中的铜板铃,象征太阳,手鼓则象征月亮。

要成为一名合格的东巴祭师,需要经历漫长的学习岁月,最需要掌握的便是东巴文字。1600多个符号,组成了一个完整的东巴文字体系。在这些符号没有被古城外的世界获知的时候,人们确信,存在于人类文明之初的象形文字,已经彻底消亡。

纳西人,这个中国的山地民族,创造了一种类似于原始图画的象形文字。纳西象形文字,在纳西语中被称为"斯究鲁究",意思是,木和石的记录。两种自然物体同指一种文字,在东巴教中,有着独特的内涵,木是女性神的象征,石则是男性神的象征,世上的一切事物

木府

和规矩,都是由这两个神创造的。

东巴文字,是世界上唯一保留完整的、活着的象形文字。用它书写的东巴经文,现存3万卷,是一部体系庞大的百科全书,纳西人的创造,成就了一幅世界文明史上壮丽而神秘的人文画卷。

茶马古道的贸易发展

在丽江有一座"木府"，即木氏土司府衙署。木府门有一座忠义坊是公元 13 世纪，统治中国的明朝皇帝为表彰纳西首领的归顺，钦赐的"忠义"牌坊。

被皇帝表彰的人叫作阿甲阿得。公元 1368 年，明朝政府派军队出征云南时，土司的纳西首领阿甲阿得，率全族归顺，追随明朝的军队屡建战功。开国皇帝朱元璋，钦赐阿甲阿得为"木"姓，授予他世代统治丽江地区的最高权力。由此，一座完全仿照北京紫禁城格局建造的巨大建筑群，在丽江古城拔地而起。

纳西族木姓土司，在以丽江为中心的云南西北广大区域内，逐步建立起了王者独尊的统治地位。公元 14 世纪，纳西人终于走上了迅速壮大的发展之路。

因为丽江地处云南、四川和西藏的交通要塞，纳西人便利用自己得天独厚的地理位置，扮演了一个重要的商人角色，他们将四川、云南的茶叶，通过马帮，沿着中国西部的一条茶马古道，运到西藏，甚至印度、尼泊尔销售，然后又将当地的皮革、药材等运回内地，从中获取丰厚的利润。因为纳西人长时间在云南西部占据着主导地位，所以，这种生意始终能够平稳地运行，为纳西人带来了大量的财富。

纳西人，最初为马帮制造马掌、铜壶等用品，这些精美的铜制品，传遍云南、贵州和西藏地区，至今仍畅销不衰。所有的皮具都是手工制作的，纳西族妇女的传统服饰是一块披在背上的皮革，皮革上绘有太阳、月亮和七颗星的图案，象征着纳西妇女披星戴月般的勤劳品质。

织花带，用于服装的边饰，是纳西族妇女传统的手工艺。同中国其他民族的编织机一样，纳西族最早的编织机，梭子也是用手扔的。这种传统的编织机，可以分出 10 股线，每股的颜色不同，能制作出各种花色的围巾，还被用来勾勒被边、衣边，起到装饰的作用。而一般老人，则用更加简单的小编织架，以黑白两种线编织饰品。

银器制作，也是纳西人传统的手工业。下料，剪料，将银块分解成需要的大小刻花纹，完全是手工技艺。不断地给银制品回火，是为了让银器变软，利于敲打塑形，银器全部制作完成，最后再用牛角刷洗干净。

纳西人的银制品样式非常丰富，现在已经成为许多旅游者必买的纪念品。

遗产知多少？

茶马古道的起源

茶马古道是中国古代一条以茶叶和马匹贸易为核心、连接西南与西藏及南亚的重要商道。丽江是茶马古道的重要驿站，曾是汉、藏、白、纳西等民族商贸文化交流的中心。秦汉至隋唐时期，随着中原与吐蕃交往加深，茶叶成为重要的贸易物资，茶马互市制度初具雏形。宋朝时，为解决北方战马短缺的问题，将"茶马互市"纳入国家战略，官方主导的贸易体系逐步完善。茶马古道不仅是古代中国的"高原丝绸之路"，更是中华民族多元一体格局的历史见证。

泸沽湖畔的母系传承

在丽江有一个非常有名的湖泊——泸沽湖。泸沽湖海拔 2685 米，面积近 50 平方千米，平均水深 40 米。每年冬季，这里便是许多候鸟的天堂。湖中盛产的各种淡水鱼，是当地人的主要食物之一。泸沽湖是世界上最纯净的高原湖泊。

传说，在纳西人南下的途中，其中一个分支，走到泸沽湖畔，建立了自己的家园。他们被称为摩梭人。至今，摩梭人依然保持着母系社会的生存状态。

祖母是家族的家长。她居住的房子被称为祖屋，燃烧的火塘长年不熄，供奉着火神展巴拉。祖屋则是摩梭人家庭的中心。

随着祖母的衰老，其女儿会逐渐接过家长的重担，而孙女会一直陪伴在女

泸沽湖

儿的身边，成为家族延续香火的传人。

过去摩梭人以农业为主，现在也发展了旅游业，他们有语言没有文字，总人口只有几万人。

格姆山，是摩梭人崇敬的神山。格姆的意思是高大的女子。摩梭人相信，格姆神女主宰着庄稼的丰收和牲畜的兴旺，也会让摩梭妇女们更加健美。

摩梭人没有个人财产，世代积累的财富，始终属于家庭所有，不存在财产继承的问题，这样也使得母系大家族的成员，永久地和睦相处。母性的光辉滋养出温良淳厚的民风。这种社会结构，是目前人类社会中非常特殊的一例。

玉龙雪山

玉龙雪山的守护

纳西人有一个古老的传说：曾经有两位兄弟生活在这里，他们为了保护这片土地同妖魔作战。他们死后，化作巍峨的玉龙雪山，成为纳西族永远的守护神。

玉龙雪山，是纳西文化最大的标记，也是纳西民族精神的重要策源地。纳西人相信，是神赐予了他们这座圣山，替他们抵挡来自北方的寒流。

人与自然是兄弟，纳西人这种朴实而非凡的智慧，也许是触摸到了一个永恒的真理：自然是人类赖以生存的恩惠之源。大地、空气、山川、河流，自然界的万物，都有着自己的尊严，节制自己的欲望，与自然和谐地相处，对人类来说，就是一种尊重自己的生活方式。

纳西族村寨

遗产知多少？

纳西族的传统节日

纳西族是中国西南地区独具特色的少数民族，主要聚居在云南丽江，是一个充满神秘色彩与生活智慧的民族。从雪山脚下的祭祀到市井街巷的烟火气，每一处细节都彰显着这个民族对自然的敬畏、对生活的热爱。

三朵节（农历二月初八）

三朵节是纳西族一个别具风格的祭祀性节日，人们认为"三朵"是玉龙雪山的化身，一直在保护着族人。节日当天，大家会身着盛装，举办赛马、对歌、野炊活动。家家户户用面粉蒸制"三朵塔"祭拜，并佩戴柏枝祈福。

火把节（农历六月二十五至二十七）

传说古时，天神派蝗虫毁坏庄稼，纳西人点燃火把消灭害虫，后演变为祈福丰收的习俗。火把节期间，村寨广场会点燃巨型火堆，村民围绕火堆载歌载舞，长者主持祈福仪式。众人手持小火把，走街串巷，将火把插在田间、水井边驱邪；并围着篝火跳"阿丽哩"舞，街头火把连成长龙，场面十分壮观。

棒棒会（农历正月十五）

丽江地区最具农耕特色的传统节日，以农具交易为主。节日时，竹木农具、花果树苗摆满街头，人们撒五谷、点香火，祈求新年风调雨顺、五谷丰登。

石窟艺术

走进大同云冈石窟,千佛列阵诉说北魏风华;
漫步洛阳龙门石窟,伊水之畔镌刻盛世荣光;
探秘敦煌莫高窟,飞天壁画舞动千年色彩;
一起来感受石窟圣境吧!

云冈石窟

雕刻史诗与丝路回响

在这段东西绵延1000米的山崖上，矗立着252个窟龛、51000余尊精美的佛像。它们最大的高17米，最小的仅有几厘米，或立或卧、或微笑或沉思，无不动人心魄！

这是中国第一个规模巨大的石窟群，是石窟艺术在中国走向全石化的起点。在这里，多种造像风格实现了前所未有的融会贯通，由此形成的"云冈模式"成为中国佛教艺术发展史上的一个重要转折点。

每个面对云冈石窟的人都会被它恢宏的气势所震慑。那么，究竟是谁把这段山崖打造成了一座流光溢彩的艺术殿堂呢？

云冈石窟外观

石壁上的王朝

沧桑、浩瀚的长城蜿蜒在中国北方，寂寞地守护着这座不断变化的塞上古城——大同。历史上的大同叫作"平城"，历朝历代，它都是边关重镇。

公元398年，一个叫作鲜卑的少数民族越过长城，在这里建立了北魏王朝。从此，平城变得鲜活起来，寄托了这个剽悍的游牧民族一统天下的梦想。

与平城被淡忘一样，昔日的鲜卑民族也消失在了历史的长河中，只在这古都的一角，留下了这座沉默了千年的丰碑。

了解云冈石窟，首先要从最早的"昙曜五窟"开始。这五尊高13.8米到15.5米的巨大佛像，依次代表着北魏建国初期的五位帝王；深入这些洞窟，仿佛穿越时空，打开了一座尘封已久的历史博物馆。

公元220年至公元439年，古代中国经历了200多年的乱世。佛教，就是在这样的背景下进入了中国。佛教遵循的理念给痛苦挣扎的芸芸众生带来了希望。

从荒凉的草原入主中原后，北魏统治者开始思考如何才能赢得汉民族的信任；而被武力征服的汉民族也需要一个包容接纳这个外来民族的理由。

于是，北魏的开国皇帝拓跋珪迫不及待地奉佛教为国教，在中国北方大规模建庙立寺，以此作为缓和民族矛盾的手段。

云冈石窟第二十窟中坐落着一尊最富标志性的露天大佛，正是拓跋珪的化身。大佛双目细长，高髻高鼻，双肩宽厚平直，从不同的角度观察，可以看到其不一样的表情。

拓跋珪对佛教的态度与佛教希望借助皇权在中国生根的愿望不谋而合。据史料记载，当时，中国北方的佛教领袖法果和尚改变了佛门不服从王权的惯例，公开宣称当时的皇帝是如来佛转世，并带头匍匐在拓跋珪的脚下。

"光明普照"，这个简单的词语精确地形容出了这尊释迦坐像的身姿气韵。

拓跋珪很满意自己能够与佛祖相提并论。朝堂上威严的皇帝穿上了袈裟，化身为佛祖端坐于平城的一角，静静地守护着他的臣民。

公元460年末，西北风像刀子一样划破了阴冷的天空，武周山下却是热火朝天。在北魏第四任皇帝拓跋濬的支持下，沙门昙曜统领数千名囚徒、俘虏和工匠，用最原始的工具，一斧一凿地创作着一个即将流芳千古的佛教艺术宝库。

佛教在成为北魏的国教60年后，终于能以一种不易磨灭的方式流传下来了。但同时，少年君主拓跋濬要求从佛像身上能看到北魏历代皇帝的影子。

在如此巨大的山体上开窟造像本身已经很困难了，况且，佛教在传入中国的同时，也严格规定了营造佛像的法度。

那么，昙曜是如何协调王权和佛道之间这种矛盾的呢？

威严的气质对于一个帝王来说远远比英俊的面容更重要。

昙曜和工匠们依旧沿用了印度佛像的形态，只是在表情和比例上做了微妙的改动。正是这眉眼间的开阔、嘴角的微翘，使印度佛像展现出了中国式的帝王气派。

这种改变意义重大，它巧妙地迎合了中国人含蓄、追求神似的审美取向，使佛教造像在生活化、世俗化的道路上迈出了关键性的一步。

伫立在第二十窟的大佛面前，我们看到佛像头与肩的比例几乎达到了一比三，不管是中国人还是印度人都不可能有这样的比例，而当我们降低高度，以一个北魏臣民的身份去仰望时，佛像的比例完美无瑕！

事实上，正是这种不真实造就了云冈大佛胸怀天下的王者之气，使得它不但得到鲜卑皇族的认可，还成了中国石窟造像的标尺。

云冈石窟露天大佛

115

昙曜五窟释迦立像

胡貌梵像

　　昙曜五窟中坐落着一尊高13.5米的释迦立像，其面容最为英俊，正代表着下令开凿石窟的少年君主拓跋濬。

　　他瘦骨清相、风尘仆仆，既不失游牧民族的粗犷，又具有汉民族的细腻，有一种刚健清新的气质。

　　在佛像的身上，我们可以清晰地看到有些地方嵌有红色的石核，有些地方的石核已经脱落成为黑洞，这又是为什么呢？

　　据史书记载，这些石核与皇帝身上长有黑痣的地方完全一致。

　　此外，我们还可以看到一个有趣的现象，庄严的大佛紧抿的薄唇上却有着淡淡的两撇胡子。这不仅继承了古印度的雕刻风格，也是皇帝的面容在佛像上的具体表现。佛像的双眼凝视远方，是否在眺望着鲜卑族梦想中的中原腹地呢？

　　从公元460年至494年，短短34年的时间，在北魏王朝的资助下，昙曜带领工匠们把武周山掀走一半，营造出了一个神采飞扬、气韵万千的佛国世界。

　　这个时期的佛像大都仪态淳朴，在保留古印度佛像原型的基础上，又融入了鲜卑族的血脉，被称为"胡貌梵像"。

　　为了体现皇权的崇高和威严，昙曜尽量追求窟小佛大。但也正是在迎合皇权的过程中，昙曜和工匠们无意间打破了人和神之间的界限，为以后中国佛教艺术的发展创造了一个自由而广阔的空间。

从武周山到洛阳城

公元490年，在刚刚亲政的孝文帝拓跋宏的主导下，云冈石窟迎来了被遗弃前最后的辉煌。这个雄心勃勃的君主已经不满足于固守黄河以北的疆域，佛祖能保佑他实现开疆拓土的梦想吗？

孝文帝将自己的化身雕刻成了武周山最高大的佛像。佛像高达17米，双腿长15.5米，膝上可容纳120余人，光一只脚上就能站立12个人。

这尊正襟危坐的释迦牟尼佛头顶蓝色的螺髻，细眉长目、双耳垂肩，身着褒衣博带式的通肩袈裟，给人一种端庄肃穆的感觉。为了方便礼拜、祭祀，坐佛之后还凿有专门的隧道。

这个时期，对于帝王的偶像崇拜达到了后世难以企及的高度。第五窟的主佛雕像正是孝文帝心目中完美帝王的形象，他渴望带领北魏王朝走向更大的辉煌。

据史料记载，孝文帝拓跋宏自幼喜读汉书，对儒家文化颇为推崇。这个二十岁的皇帝相信，只有彻底抛弃鲜卑族的传统，然后像水一样融入中华民族大家庭，北魏的统治才能千秋万代。他让象征皇权的佛像穿上汉装而不是鲜卑服，正是准备大规模推行汉化政策的前兆。

在告别平城之前，孝文帝主持开凿了一尊12米高的弥勒菩萨，坐落于第十三窟，与第十七窟中的交脚菩萨类似。这尊菩萨的右臂下也有出于力学考虑而设计的支撑；不同的是，它不再是一个简单的古希腊式立柱，而是一个雕刻细腻、衣饰华丽的中国古代力士，这是云冈石窟中仅有的一例。

公元493年，在云冈大佛的注视下，北魏孝文帝迁都洛阳。

草原越走越远，云冈石窟也越走越远，那段游牧民族驰骋天下的荣光，也随着平城一起，像煤渣一样被深埋在厚厚的黄土里。

千年过去了，"鲜卑""胡人"等字眼只存在于历史典籍中，勇猛的鲜卑族用武力创建的北魏王朝仅仅存在了100余年。

只有透过这个精美的佛教艺术宝库，我们才能捕捉到那个已然消逝了的游牧民族的影子，这里有他们的喜怒哀乐、他们的尊严和信仰、他们的收获和失落。

遗产知多少？

遗产名片

云冈石窟于2001年被联合国教科文组织世界遗产委员会列入《世界遗产名录》。其造像融合印度犍陀罗艺术、中亚佛教艺术与中国传统雕刻技法，代表5—6世纪佛教石窟艺术的巅峰成就。

遗产知多少？

汉服的发展与演变

齐胸襦裙

先秦时期：确立"交领右衽、上衣下裳"的基本形制，如曲裾深衣。

汉朝：直裾普及，取代曲裾成为主流，袖口宽大，衣身宽松，奠定了汉服的基本风格。

魏晋南北朝时期：胡汉交融，北方游牧民族服饰（如窄袖、裤装）与汉服结合，出现"裲裆"（背心）、"缚裤"（束脚裤）等。

隋唐五代时期：女装革新，盛行齐胸襦裙，披帛、半臂成为时尚单品，色彩艳丽，如唐三彩陶俑；受胡风影响，出现圆领袍、幞头、乌皮靴等，男女皆可穿胡服骑射。

曲裾深衣

孝文帝迁都洛阳

公元493年，孝文帝拓跋宏迁都洛阳，这是北魏历史上的重大转折点。迁都洛阳绝非一时兴起，而是孝文帝在文化焦虑（鲜卑文明边缘化）与政治野心（争做华夏共主）双重驱动下的战略抉择。

平城（今大同）是鲜卑贵族的权力中心，保守势力强大，反对孝文帝的汉化政策。迁都可削弱平城鲜卑贵族的政治影响力。

洛阳位于黄河中下游，以其为核心的中原地区是当时的政治与文化中心。迁都后可更有效控制汉人聚居区，巩固对黄河流域的统治。同时洛阳毗邻伊洛平原，水系发达（黄河、洛河），便于漕运江淮粮赋，缓解北魏财政压力。

佛像身上的小孔之谜

云冈石窟佛像身上的小孔，是长期以来引发学者与游客好奇的未解之谜。这些直径约1~3厘米的孔洞多分布在佛像头部、肩部、衣服褶皱处，甚至眼部周围，其成因与功能至今未有定论。

有一种说法是与辽金时期对佛像的补塑加固工程有关。云冈石窟在辽金时期（10—13世纪）经历了大规模的修缮，尤其针对风化严重的佛像。工匠在石雕表面钻孔，插入木楔或铁钉作为骨架，再敷设麻泥、石灰等材料重塑表层，这被称为"包泥贴金"。这一技术反映了古人对文物修复的智慧。

龙门石窟
石壁上的盛世

公元675年12月30日，香山寺的钟声响了，龙门还笼罩在晨雾中。

1300多年前的这一天，伴随着东方升起的第一缕阳光，大唐帝国的皇后武则天亲临龙门，主持奉先寺石窟的竣工仪式。

据说，这一天洛阳的上空出现了万丈霞光，沿着伊水绵延数十里。在武则天热切的目光注视下，卢舍那大佛第一次向世人展露出她慈悲的笑容……

鲜卑王朝的重塑

龙门位于洛阳南郊12千米，因两山相对、形似石门，后隋炀帝改"龙门"而得名。

在龙门开凿石窟的时间前后长达400多年，历经北魏、东西魏、北周、北齐、隋、唐共6个朝代。在2100多个窟龛中，现存佛像10万余尊，题记碑刻3600余品，佛塔40余座。工程浩大，气势恢宏，令人叹为观止。

龙门石窟的开凿是从古阳洞开始的。公元493年9月，统一了中国北方的北魏政权在孝文帝拓跋宏的带领下，将首都从塞上的平城迁徙到中原的腹地洛阳，同时也把营造石窟的舞台从山西云冈转移到河南龙门。

古阳洞是孝文帝为去世三年的祖母冯太后营造的功德窟。正是在这位汉族公主的引导下，以游牧为生的鲜卑族开始向农耕文明靠拢。

这个小小的石窟寄托着孝文帝深深的追思和哀痛。窟中的佛祖释迦牟尼高高地端坐在正壁，做禅定的手势。两位面容清秀的菩萨分立两侧，表情庄重而文静。

从衣褶的重叠和厚重中可以看出，虽然龙门石窟已经不再是云冈石窟时期的"瘦骨清像"，但从变化多样的龛楣和佛像精巧细致的背光看，清瘦之美依然是北魏最流行的风格。

就在龙门石窟动工的同时，孝文帝

龙门石窟大佛

颁布法令：讲汉语、穿汉服、改汉姓。即使皇帝本人，也舍弃了祖宗的"拓跋"姓，而改姓"元"。

这才是孝文帝元宏的真正目的，一个少数民族建立的政权，要想得到广大汉族同胞的认同，只有俯下身段，虚心学习先进的农耕文明，从而建立和维护自己的统治秩序。

元宏大规模开凿石窟，正是要借机把自己的想法公之于世，同时也期望能得到佛祖的庇护。于是，在以后修建的石窟中，汉文化的影响越来越大，而游牧文明的影子却越来越淡。

公元497年4月，阴谋逃回平城复辟的太子被元宏处死。这位北魏王朝的中兴之帝用强硬甚至残酷的武力，镇压着鲜卑贵族们对汉化政策的抵触。

宾阳洞中的佛像清晰地记录着元宏的心路轨迹。他们摒弃了游牧民族粗放、豪迈的特征，极力追求汉民族细致、婉约的风格。

云冈石窟中削方铲平的鼻梁到龙门石窟则变得滚圆，既刻画出了佛的慈祥，又表达了向汉民族靠拢的愿望。

而云冈石窟中尚隐含着几许粗犷气息的飞天，到龙门石窟后也变得婀娜多姿，处处显露着体态轻盈的汉族女性妩媚的神态。

毫无疑问，正是孝文帝元宏和消失了的鲜卑民族，带着北方的箭和马呼啸而来，为中国历史推开了隋唐盛世的大门！

卢舍那大佛的微笑

公元675年，沉寂了150多年的龙门再次热闹起来，在大唐帝国的皇后武则天的扶持下，卢舍那大佛落成。

佛像总高17.14米、头高4米、耳长1.9米，眼睛灵活而含蓄，嘴角微微上翘，给人一种庄严典雅、宁静肃穆之感。

在大佛开光的一刹那，皇后武则天有些迷离。26年前，即公元649年，随着唐太宗的驾崩，当时被封为才人的武则天和其他妃嫔们一起落发感业寺，为先帝祈福。按照惯例，她们将在青灯古佛的陪伴下，耗尽余生。

卢舍那大佛

遗产知多少？

遗产名片

龙门石窟于2000年被联合国教科文组织列入《世界遗产名录》，成为世界文化遗产。它代表中国石刻艺术的最高成就，展现了北魏至唐代佛教造像风格的演变。世界遗产委员会评价其为"中国石窟艺术皇冠上的明珠"，与莫高窟、云冈石窟并称中国三大石窟艺术宝库。

但出乎意料的是，第二年，她就被唐高宗李治接回皇宫，在众人艳羡的目光下，一步一步登上了皇后的宝座。

冥冥之中，武则天感觉这些都是由于佛祖的庇佑。

为了开凿卢舍那大佛，武则天捐出了自己一年的脂粉钱。虽然两万贯对于这项工程来说只是杯水车薪，不过有了皇后做示范，王公贵族们自然趋之若鹜。资金的充裕使得卢舍那大佛这样巨大的工程，仅用了3年零1个月就圆满竣工。

传说，卢舍那大佛的面相正是以武则天为原型。自古以来，只有皇帝把自己的相貌与佛像融合，昭示君权神授，而一个皇后如何敢把自己的形象以这样宏大的规模雕刻在石壁上呢？

据史书记载：公元656年以后，唐高宗李治的身体越来越虚弱，国家大事都由皇后武则天决策处理，后者的威势甚至超过了唐高宗，当时并称为"二圣"。

当国家大权都掌控在武则天手中的时候，卢舍那大佛以她的面容为原型也就不足为怪了。

"卢舍那"的意思是指智慧广大、光明普照。伫立在大佛脚下，无论身处哪个角度，都能感觉到正被她智慧的目光笼罩着。日后，武则天为自己起名"武曌（zhào）"，这个"曌"字表示日月当空，是特意造出来的。她希望自己也能像卢舍那大佛一样，给普天下带来温暖和光明。

万佛千姿

继大卢舍那像龛之后，朝野僧俗为高宗、武后发愿造像的人越来越多，万佛洞就是其中颇具特色的一个。

公元680年11月，万佛洞正式完工。主尊阿弥陀佛高约4米，头上有着优美的波状发髻，脸庞圆润，体现了唐代盛行的以丰腴为美的审美时尚，表现出一种雍容大度、仪态轩昂的造像风格。

莲花宝座的束腰部位雕刻了四位托重力士，他们的肌肉突出、富于动态，与主佛的宁静形成了鲜明的对比。

后壁雕刻着54枝莲花，每枝莲花上各坐一尊菩萨。在窟顶碑刻题记的外侧是姿态妩媚的飞天，这些飞天手捧供果、凌空翱翔；在每侧墙壁下方各有6位伎乐人，手持箜篌、法锣、羯鼓等乐器专心演奏。

在南北两壁，雕刻着15000多尊高约4厘米的小佛，他们与飞天、伎乐人上下呼应，共同营造出西天极乐世界里万人成佛的动人场景。

万佛洞主尊

武则天与龙门石窟的兴衰

公元690年，在6万人上表的请求下，武则天登上了皇位。千百年来只有男人坐过的龙椅，第一次，让一位女性安详地坐在上面，接受文武百官的朝拜……

这一年，武则天66岁，她改国号为"周"，史称"武周"政权。

龙门石窟迎来了又一个开凿高潮。为了巩固武周政权、感恩佛祖的眷顾，武则天对龙门倾注了更多的心血，不仅在西山的空隙雕满了佛龛，龙门东山也开始大规模地开窟造像。

位于龙门东山的擂鼓台中洞又名大万伍佛洞，因洞中造有15000尊小佛像，且又比西山万佛洞的小佛像稍大而得名。它雕凿完成于武周时期，其目的正是为女皇歌功颂德。

主尊为弥勒佛，佛头于20世纪30年代被盗，现藏于美国旧金山亚洲艺术博物馆。造像采取高浮雕手法，周围环绕着伎乐人、飞天、骑象和骑狮的童子，台座下部延伸出两朵莲花，每朵莲花上各站立着一尊菩萨，整个石壁浑然一体。

窟顶围绕莲花，飘浮着琵琶、钹等乐器，象征在佛国世界中乐器可以"不鼓自鸣"。伴随着不鼓自鸣的天籁之音，体态轻盈的飞天翩翩起舞，仿佛随时都会乘风而去。

东山石窟群莲花洞

公元705年正月，一代女皇武则天又把耗尽半生心血夺取的皇位归还给了李氏王朝。这个不同凡响的女性留给世间的最后一道命令，竟然是"除去皇帝的称号，称我为则天皇后"。

10个月后，武则天皇后病逝，与他早逝的丈夫唐高宗李治合葬于乾陵，他们的墓前立有一块近8米高的无字石碑，经受着人世间的雨雪风霜！

有人说，她要留着这块空白，功过是非任后人评说；也有人说，她一生拜佛，最后终于悟出了"空"的真谛……

唐代造像的鼎盛时期，也随着武则天的逝去而黯然落幕。龙门石窟这个半途而废的工程正是那段历史的真实写照，精美的佛面永远留在了那些远去的唐代工匠们的脑海中。一个繁花似锦的时代留给我们的只剩一个华丽而沧桑的背影！

遗产知多少？

龙门石窟的名称由来

洛阳南郊的香山与龙门山东西对峙，伊水穿山而过，形成天然峡谷隘口，形似巨大门阙，故先秦至南北朝时期称此地为"伊阙"。《水经注》中有记载："两山相对，望之若阙，伊水历其间北流，故谓之伊阙。"

公元605年，隋炀帝杨广营建东都洛阳，将皇宫紫微城的正南门（应天门）直对伊阙，借地理之势彰显皇权。因皇帝自谓"真龙天子"，遂改"伊阙"为"龙门"，寓意"帝王之门"。石窟群依山得名，因此被统称为"龙门石窟"。

洛阳牡丹甲天下

洛阳牡丹，素有"国色天香"之誉，是中国传统文化中富贵的象征，更是洛阳千年古都的文化图腾。其栽培始于隋，盛于唐，甲天下于宋，至今仍是洛阳最璀璨的城市名片。

民间传说中有武则天"贬牡丹"的故事。相传武则天称帝后，冬日于长安上苑饮酒赏雪，醉中写下诏令："明朝游上苑，火速报春知。花须连夜发，莫待晓风吹"，命百花寒冬绽放。次日百花皆开，唯有牡丹抗命未放。女皇大怒，命火烧牡丹，并将其连根拔起贬至洛阳邙山。牡丹却在洛阳扎根重生，花开更艳，故称"焦骨牡丹"。

"贬牡丹"传说虽不符合史实，却成就了超越时空的文化象征。它巧妙地将自然规律（牡丹的生长习性）转化为道德叙事（牡丹抗旨不屈的傲骨形象），重新定义了洛阳这座古城的灵魂。

洛阳水席

洛阳水席是中国传统名宴之一，它起源于唐代宫廷宴席，后逐渐流传到民间，成为洛阳地区特有的饮食文化。因菜品多汤水、上菜如行云流水而得名。

全席共24道菜肴，对应二十四节气，以酸辣开胃的"牡丹燕菜"领衔，包含八冷盘、十六热菜，主打汤羹烩煮，融合荤素搭配与五味调和，冬季暖身、夏季祛暑，既承载着洛阳"千年帝都"的饮食智慧，又暗合自然时序的流转之道，现为省级非物质文化遗产，被誉为"舌尖上的中原史诗"。

敦煌的守护者
艺术圣殿莫高窟

敦煌的七月，漫长的夏季远远还没有结束，莫高窟开始迎来旅游旺季。在景区讲解员的导游路线中，有一个小小的洞窟经常会是参观的起点或终点——这就是著名的藏经洞。

100多年前，这个幽秘的禁地还不为人所知，洞口的流沙掩埋了所有的秘密。

位于敦煌市南郊的月牙泉

莫高窟佛像

莫高窟的起源与永恒

位于敦煌城外的莫高窟，是一个有着 1500 多年历史的佛教圣地。

公元 4 世纪，这是一扇坐西向东的普通崖壁，南北绵延 1000 多米。鸣沙山和三危山寂静地环抱着这一处小小的绿洲，大泉河水日复一日地在崖壁前流淌。

公元 366 年的一天黄昏，行游到此的乐尊和尚看到了一个奇异的景象——对面的三危山突然霞光万道，似有千万化身佛在熠熠金光中浮现。

乐尊确信这是佛祖对自己的暗示。他决定，要在三危山对面的崖壁上开凿一个洞窟。

莫高窟 1200 多年的营造历史就此开始。为了纪念乐尊开创首窟之功，后人将这里称为"莫高窟"，意思是"莫高于此僧"。这就是莫高窟名称的由来。

从乐尊开辟第一个洞窟一直到元代，莫高窟的营造史像是一场永不间歇的接力。崖壁上的洞窟如同蜂房一样密密麻麻，后来的洞窟营造者常常因为选择不到一块合适的开窟位置而苦恼。

遗产知多少？

遗产名片

莫高窟于 1987 年被联合国教科文组织列入《世界遗产名录》，成为中国首批入选的世界文化遗产之一。它保存了公元 4 世纪至 14 世纪的 735 个洞窟、4.5 万平方米壁画和 2000 余尊彩塑，是佛教艺术东传与丝路文明交融的集大成者，也是人类壁画艺术的最高成就之一。

壁画中的丝路起点

公元前 138 年，汉武帝刘彻派一个叫张骞的年轻人从汉朝的首都长安出发，穿越大漠联络因匈奴侵扰而西迁中亚的大月氏人。他希望能够说服大月氏人和汉朝联合起来对抗匈奴。

张骞的两次西行虽然没能实现汉武帝的初衷，但历经 15 年生死跋涉，他踏出了世界历史上著名的"丝绸之路"。在莫高窟 323 窟的北壁，我们可以看到最早的关于张骞出使西域的壁画。

此后，汉武帝又先后派大将卫青和霍去病攻打匈奴，汉朝的版图逐渐扩大到了河西地区。武威、张掖、酒泉、敦煌河西四郡先后设立，并增加了玉门关、阳关两个边塞要地。从此，丝绸之路得以畅通无阻。

东来西往的驼队一路浩浩荡荡。从长安出发，这条贸易的道路可以一直延伸到古罗马帝国，而敦煌是这条路途上的重要中转站。

禅窟与修行者

行走在丝绸之路上的不只是那些驮着货物的商队，还有那些背着经卷、四处传法的僧侣。他们大都来自印度或中亚，在他们眼中，中国是一个"东胜神洲"，那里富庶而恣意，是僧侣梦寐以求的传法之地。

他们东行之路上，往往会在敦煌停驻。有的僧侣会长时间停留，便寻找他们认为具有佛缘且适合修行的山崖开建石窟，用以坐禅和静修。

距离敦煌城 20 余千米大泉河畔的那块崖壁正是这样的理想之所。那里沙砾岩的材质非常便于开凿，而干燥的气候，又恰好适合泥塑和壁画的保存。

而且这个地方距离交通要道不远，附近的百姓和来往的商旅可以前来礼佛、

莫高窟第 285 窟壁画

造窟。平日里又相当幽静，是参悟佛理的好场所。

268 窟是如今莫高窟留存下来最早的洞窟，里面的 4 个小窟仅能容坐一人。这种洞窟被称为"禅窟"，是供僧人禅修、诵经的洞窟。

在 285 窟的主室，左右各有 4 个小型禅窟。而在窟顶的一周，一共画了 35 个禅窟。禅窟之外山峦重叠、野兽出没，猎人拉弓追射野牛；而禅窟内修行的禅师却结跏趺（jiā fū）坐（佛教中修禅者的坐法）、闭目沉思，显露出参禅入定的宁谧。东壁龛内的一尊禅僧像，更是让我们可以如此具体地看到僧侣在莫高窟的洞窟中打坐修禅时的情景。一切宛如当年。

九色鹿壁画

第 428 窟壁画

壁画中的多元文化

今天编号第 257 窟的西壁，留存有一幅描绘九色鹿故事的壁画。它距今已有 1500 多年。

相传，九色鹿在恒河中救起了一名溺水男子，男子得救后千恩万谢，答应永不泄露九色鹿的住所。但后来，男子却贪图世间的富贵，向国王和王后泄露了九色鹿的行踪。国王带队抓捕的时候，从九色鹿的口中知道了事情的原委。国王放弃了抓捕。最后男子遭到报应，全身长满烂疮。

在第 428 窟中，还有一幅著名的壁画。

传说，萨埵（duǒ）那太子外出游玩归途中看到饿得奄奄一息的七只乳虎和一只母虎，于是他用树枝刺破自己的颈部，纵身跳下山崖，以身饲虎。当他的兄长赶到时，萨埵那太子只剩下了一堆白骨。

依照佛经的记载，九色鹿和萨埵那太子都是佛教创始人释迦牟尼的前世。

释迦牟尼因为在前世轮回中做下种种善事，才终成正果。

这种颂扬释迦牟尼前世善行的故事画被称作"本生故事画"，它典型地体现了佛教因果报应、苦修行善的主张。

编号第 285 窟窟顶的壁画中出现中国神话中雷电风雨四神，以及种种神禽、瑞兽，还有传说中人面蛇身的伏羲、女娲。在敦煌当地出土的汉墓画像砖中，也发现了和壁画中形象相似的伏羲、女娲像：他们手持规矩墨斗，胸前的圆轮中分别画着三足鸟、蟾蜍，代表着日与月。

玄奘的十七年，敦煌的一千年

公元 627 年，唐太宗李世民即位，改年号为"贞观"。这时，被隋炀帝打通的丝绸之路又被突厥人的战马所阻断。

4 年后，唐朝大将李靖大破突厥，曾经不可一世的突厥部落终于向大唐俯首称臣。

此后，唐王朝不断向西经营，在河西走廊分设沙州、瓜州、肃州、甘州和凉州。敦煌，此时被称为"沙州"。

就在李世民登基那一年，玄奘开始了他的西行取经之旅。他跋涉十多万里，抵达印度取回了几百部佛教经典，前后历时 17 年。他的这些故事被记载在《大唐西域记》中。

在莫高窟斑驳的壁画中，我们可以看到玄奘西行取经的画面。

位于敦煌城外 20 余千米的莫高窟，在唐代迎来了最为重要的营造时期。

木工、塑匠、画师等开凿洞窟所需的工匠纷纷来到了这里。开凿洞窟成了当时敦煌地区的一种风尚。

这个时期，根据佛经而绘制成的经变画，开始满壁地出现在洞窟中。这种壁画气势恢宏、大气而磅礴，有如唐代强盛的国势。

大唐是一个开放的国度。通过丝绸之路，西域的文化前所未有地同中原文化相互影响、融合。

我们可以通过乐舞来审视当时的这种中西交流。中原的舞蹈往往轻歌曼舞，舞姿柔美而优雅。但在唐代莫高窟的壁画中，我们看到了完全不同风格的舞蹈。这些舞蹈来自西域，自由奔放、节奏欢快；传入中原后风行一时。

安史之乱中的精神灯塔

九层楼是莫高窟标志性的建筑,它位于北区石窟群的中段。依山而建,气势雄伟。

整个洞窟只有一尊高达35米的弥勒佛像,据说,它的头像就是根据武则天的面容而塑造的。

这是莫高窟营造史上规模最大的一个工程,是世界上最高的室内石胎泥塑,被称为"北大像"。

公元755年,安史之乱爆发。军队被东调平叛,整个河西地区陷入战乱。敦煌城被乱军包围,城里的居民处于无边的惊恐之中。

就在这时,当地望族李大宾捐造的一座佛窟落成。这是个巨大的涅槃窟,主室为南北横长方形,设大像台,上塑长达14.4米的涅槃像。我们无法得知李大宾在危局中组织修造佛窟、安排观礼是否有着特殊的意味,但正像周武帝灭佛时敦煌民众仍坚持造窟一样,莫高窟这个佛教圣地是敦煌民众精神的寄托。

九层楼

千手观音

衰落与终章

在第 61 窟的西壁上，有一幅总面积达 40 多平方米的壁画，名为《五台山图》。它是莫高窟最大的壁画。画中描绘了五台山方圆五百里的山川地形以及文殊菩萨在此显形的各种场景。

经历了唐朝的强盛和宋朝的羸弱之后，到了元朝，莫高窟的营造已经大不如前，自从朝廷将数万民众东迁从事农耕后，敦煌变成了单纯屯军的地方。莫高窟的衰落就已经注定无法避免。

元代末年的某一天，画匠史小玉正在构思、创作一幅洞窟壁画。

捐资修建洞窟的是智宝法师，他打算在这个新开凿的洞窟里画上一幅千手千眼观音经变画。史小玉是他招募的画匠。

史小玉画的是整幅经变画中最重要的部分，画面中心观音有 42 只手和 11 张脸。史小玉调动了所有不同的线条和描法，将不同的形体质感和人物的神情动态，表现得淋漓尽致。

这个洞窟今天的编号为第 3 窟，它曾经是古代敦煌城通往莫高窟的首站，现在则偏居莫高窟南区的一隅，窟门长期关闭着，已经完全不对游客开放。尽管开凿的年代晚于大部分的洞窟，但它遭受自然的破坏却出奇地严重。壁画上的墨迹已经越来越淡。

但无论怎样，它都算是莫高窟壁画艺术中最后的精彩一笔。

遗产知多少？

墙壁上的博物馆

莫高窟现存 4.5 万平方米壁画，如同一部"绘在墙上的百科全书"，通过洞窟内的壁画、彩塑和建筑艺术，以墙壁为载体，全面展现了古代社会、宗教、艺术和文化的多元面貌。

《张骞出使西域图》壁画

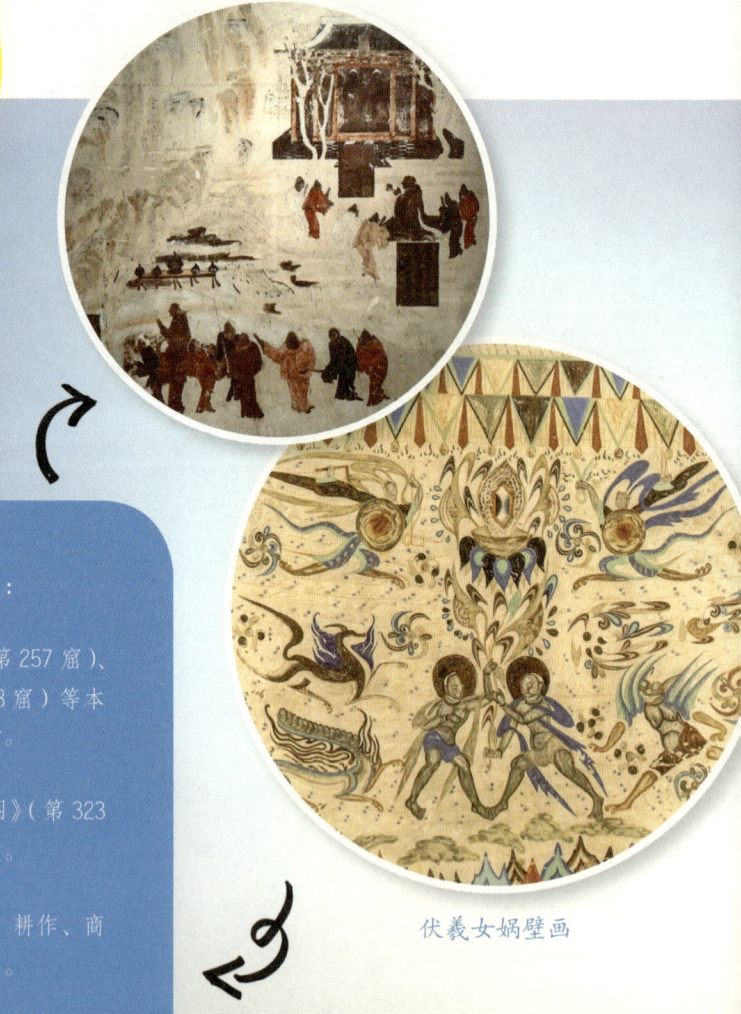

莫高窟的壁画类型丰富，主要包括：

佛教经典：如《九色鹿本生》（第 257 窟）、《萨埵那太子舍身饲虎》（第 428 窟）等本生故事画，讲述佛陀前世的善行。

历史事件：如《张骞出使西域图》（第 323 窟）记录了汉代开拓丝路的历史。

世俗生活：唐代壁画中的婚嫁、耕作、商旅场景，生动展现古代社会百态。

神话与多元文化：佛教飞天、中国神话的伏羲女娲（第 285 窟）、希腊神兽等共处一壁，体现文化交融的盛景。

伏羲女娲壁画

普通民众参与石窟开凿

莫高窟现存的735个洞窟中，约三分之二为民间力量开凿，出资者被称为"供养人"。平民家庭常以祈福还愿为目的，独立营建小型洞窟，如第217窟阴氏家族窟，在壁画中融入耕作、婚嫁等生活场景；手工业者与商贾则组成"行社""亲情社"等民间组织，共同出资出力开凿中型洞窟，如第192窟行人社窟，并在题记中详细记录成员分工与钱粮摊派。

这些民间洞窟不仅留下大量反映市井风貌的壁画（如市集、百戏），其供养人题记更成为研究中国古代敦煌地区社会经济、家族状况与信仰的鲜活档案，展现了佛教艺术扎根民间、服务众生的顽强生命力。

第217窟壁画

丝路重镇——敦煌

敦煌位于河西走廊的最西端，地处甘肃、青海、新疆三省交界处，紧邻塔克拉玛干沙漠。特殊的地理位置使其成为中原通往西域(今中亚、西亚乃至欧洲）的咽喉要道，也是丝绸之路上的"沙漠绿洲"。

通过丝绸之路，中国的丝绸、瓷器、茶叶经敦煌运往西域，西域的玉石、香料、马匹及欧洲的玻璃器皿、金银币等由此输入中原。

图书在版编目（CIP）数据

课本里的美丽中国 / 李凯军，关晖主编. -- 武汉：长江文艺出版社，2025. 6. -- ISBN 978-7-5702-1471-6

Ⅰ. G624.203

中国国家版本馆 CIP 数据核字第 20259K37S2 号

课本里的美丽中国
KEBEN LI DE MEILI ZHONGGUO

责任编辑：张　瑞　　　　　　　　责任校对：程华清
封面设计：魏嘉奇　　　　　　　　责任印制：邱　莉　胡丽平

出版：长江出版传媒　长江文艺出版社
地址：武汉市雄楚大街 268 号　　　邮编：430070
发行：长江文艺出版社
http://www.cjlap.com
印刷：湖北新华印务有限公司

开本：787 毫米×1092 毫米　　1/16　　　印张：9
版次：2025 年 6 月第 1 版　　　2025 年 6 月第 1 次印刷
字数：100 千字

定价：36.00 元

版权所有，盗版必究（举报电话：027—87679308　87679310）
（图书出现印装问题，本社负责调换）